生田隼

男ひとりを生きる

東京図書出版

はじめに

いずれ男ひとりで暮らすことになる、その現実を前に準備しておくことがあるのか、ないのか、また現実となったときの過ごし方はどのようであれば、安心立命の心境で老後を送れるのかという自問から始まった。振り返れば、**人生は長い暇つぶしの旅といえるかもしれない。道草をくったり、脇道に踏み迷ったり、決して一直線の道を順調に歩いてこられたわけでない。**学校に通い、就職し、趣味やスポーツに興じるのも、何もしないでいると暇を持て余すからだというのは極言だとしても、われわれ庶民の一人ひとりの人生にさほど波乱万丈があるわけでない。歴史に名を残すほどの大それたことを成し遂げようと思わないし、できもしない。できるのはごく限られた人間にすぎないし、生を享けそして淡々と死んでゆくのが普通人のありようだ。そういう日常のありきたりのなさ、いきづらさに窒息しそうになって、もがき苦しむ人たちが存在する。哲学や文学、芸術の世界に踏み出した人たちだ。ありきたりの日常のそとになにかを求める、非現実世界の夢物語であれ、その世界にいそしむことによって、いっときの苦しみや疲れを忘れることができる。そうせざるをえない衝動に突き動かされた人たちの代表として近代文学の幕開けとなった明治期の人物から挙げるなら、樋口一葉とか金子みすゞ、高山樗牛、宮沢賢治など。そういう人たちはおそらく、切羽詰まったギリギリの情念が堰を切ったように横溢し、みずから物語の創作を紡がざるをえなかったのだろう。たとえば樋口一葉。一葉は若くして結核で亡くなったし、金子みすゞは幼子を残して二十代で自死した。彼女たちは全身全霊をかけて書き残した。それをいま私たちが読み継いでいる。情念は命がけの爆発力を秘めている。

一方、そういう才能に恵まれずやはり窒息感を覚えてしまう一般の人々が希求するのは、人生をぎゅっと凝縮して表現された物語の世界——小説や詩や絵画、音楽そして古典を含めて——に涙したり、怒ったり、嘆いたり、あるいは同感したりすることだ。文芸、芸術はそのためにある。平安時代に書かれた『源氏物語』や『枕草子』、

『徒然草』などの古典が読み継がれ現代に伝わっているのも同じ理由からだ。もっと言えば人生のなんたるかを知りたいし、そして味わいたいからだ。翻って人間とは一体どのような存在なのだろうかと考えてみたりするのも、退職後に得た暇な時間を暇として素直に楽しんでいるせいかもしれない。

いま日本は高齢化の道を加速度的に突き進んでいる。いわば老人大国。その先達が日本だと認識しつつも悲観するには及ばない。先陣をきって先行き不透明ながら冒険の船出をするのだと考え直せば、老人大国もそれなりの成長や面白みがあるだろう。逆境を逆手にとって発想を転換してみると意外な展望が開けないでもないだろう。

男ひとりを生きる◆目次

男ひとりを生きる

平成の時代（２０１９年５月１日「令和」に改元）が終わろうとしているちょうどそのとき、社会保障制度の改革が進められていた。高齢者中心から子育てなどの現役世代を含めた幅広い世代の暮らしを支える「全世代型社会保障」へと軸足を切り替えた。当然の帰結だ。「人生百年時代」を目前にして政府は「生涯現役社会」の実現を掲げ、70歳まで働ける環境を整えようとしている。出生数の大幅な低下から日本の総人口が今の１億２７００万人から２０６５年には８８００万人まで減り、高齢化率は４割近くに達すると推測されている。また２０４０年には高齢者人口（65歳以上をいい、この区分呼称は１９５０年代半ばに出された国連の報告書がきっかけ）がピークに達する一方、現役世代の減少が加速する。このような将来予測にたてばそれを補う施策と財源が重要であることは言うを待たない。

平成18年5月に政府は2040年度に医療や年金、介護など社会保障にかかる経費（教育費を除く）の推計を示した。平成元年の社会保障給付費は約45兆円、2040年度には190兆円と4・2倍に膨らむ一方、生産年齢人口（15歳〜64歳）は平成29年の約7596万人から2040年度は約5978万人に減少、人口に占める割合でいえば100人あたり70人に対し54人と約3割減って、先細りする現役世代の負担が一層重くなる（以上『読売新聞』記事）。

定年退職した男が「ぬれ落ち葉」とか「生ごみ」と揶揄された世代に近いが、それより若干遅く生まれている私は生ごみでない証しを示そうとしている。テレビニュースにしろ、新聞報道にしろ問題意識をもって接している。人間の存在価値は何かということにつながっていくが、なによりもそうせざるを得ない性分に生まれついたということになるだろうか。

1960年代前半に中学生だった頃は、まだ米軍が駐留していて占領時代の名残

(1951年サンフランシスコ講和条約調印後日本は独立した)があった。近くの海浜に米軍キャンプ地があって、バラ鉄線で囲まれた敷地内は「ジャパニーズ・オフ・リミット」。いまの沖縄の現実が日本全土に歴然としてあったし、いまなお各地に米軍基地がある現状はほんとうに独立した国なのかと疑問に思う。

日本の戦後歴代政権の対米外交は、追従のみとの印象がある。近年では、イラク戦争でアメリカの主張を丸呑みにして支持(小泉純一郎政権)したものの、結局大量破壊兵器は発見できなかったわけで、そこに日本の主体性がみじんも感じられない。また核拡散防止条約に署名していない日本の対応には被爆国の国民として首をかしげる。アメリカの核の傘の下で守られているとの認識からだろうが、核廃絶に努めることこそ国是というべきなのに情けない。「安らかに眠ってください　過ちは繰返しませぬから」と原爆死没者慰霊碑に刻まれた言葉はカラ証文に過ぎないのか。まして現トランプ政権の、場当たりで国際秩序と協調の枠組みを破壊するような独断的な外交姿勢に対して、日本は友好国として理非曲直の態度で糺すことがあってよい。安倍首相がトランプ大統領との親密ぶりをいくらアピールしても、国益が衝突する外交交渉の場ではなんの役にも立たない。それどころかトランプから高額の兵器を買わされるに至っては開いた口が塞がらないし、日米の戦後安全保障のあり方に検証を加えないといけない[i]。

それはさておき、社会人になり給料をもらうようになってからは、定年というのがひとつの目標で、その後は「第二の人生」をどう過ごすか、再就職するにしろ気ままに生きるにしろ個人の自由選択に委ねられ、必ずしも仕事を続けることが前提とされていなかった。が、社会保障費が増嵩しそれを補うために消費税を10%に上げる話になっている。やむをえない。まして長命時代だから。他方、貧富の格差が拡大し、貧困家庭に生まれた人が再び貧困に見舞われる「貧困の連鎖」があると指摘されているのは、どうにも日本の将来にとって気がかりだ。格差社会の広がりと固定化が危惧される。

私が定年を数年先に迎えることとなったとき、待ち遠しかった。定年退職のあかつきには、それまでの毎朝の日課である、髭を剃り、髪を整え、スーツに着替えてネクタイを締める、この一連の出勤前の身支度のわずらわしさから解放されるし、起床も就寝も時間の制約がなく自由だ。ところがこの自由で気ままな過ごし方が、いざ現実となってみると、逆に物足りなくなった。自由を満喫できたのは2週間ほどで終わり、こんどは退屈と、はりあいのなさに戸惑った。この先、残された人生の社会的存在としての意味がせいぜい有権者としての投票行動のほかないのかと思うとそれも虚しい。退職後に自治会活動もしてみた。ボランティアとしての活動だが、行事や会議などが多くあり、かつ責任は重い。よほど意識を高く持ち続けられる人でないと長くは続けられない。

いま、終日家にこもりがちな日々のなかで、まだ使えそうな脳力や経験を持ち腐れにしてしまうのはもったいないないし、どこかで社会（人）とつながっていたい願望は常にある。ひとり暮らしを意図的に生きようとしたのは、昔の「世捨て人」、たとえば『徒然草』の兼好法師や『方丈記』の鴨長明あたりだろうか。が、いずれも実際は違っていたようで、出家という形をとりながらも煩悩から逃れることができなかった。それゆえ随想録が読み継がれ現存することになった。さて私自身、何をしたいのかあれこれ思案をしてみるが、いまだ決定打につながっていない。

他方で、そろそろ死後の始末も考えておかなければならない。いつ死んでもよい環境を整えておかないと、社会に対し責任放棄しているような、やり残し感がまとわりついて落ち着かない。今は老親との3人暮らしだが、いずれ私ひとりになる。そんなとき頭をよぎるのは、ひとりで迎える死。ひとり暮らしの懸念は、死んでも発見されず長期にわたって放置され、見つけられたときの目も当てられない**死骸の醜さ。そんな自らの惨状を人目にさらすのは耐えがたい。**だから先手を打っておきたい。なにができるか。万一のとき、まず発見してもらわなければならない。近くにいない親戚に見回りを頼めないし、友人知人にしてもそうだ。隣近所の人を頼りたいが、日ごろ親しいつきあいのない間柄であればそれにも無理がある。それなら全くの赤の他人に依頼するしかない。信頼できる団体などに委託して定期的に見回ってもらい、死んでいたら必要な手続きの一切を代行してくれるサービスがあってほしくおもう。

私には、幼いころに生き別れた子がいて音信不通状態にあるから、遺言を残さないといけなくなるかもしれない。遺言には3種あってうち一般的な**公正証書遺言書と自筆証書遺言書について書き記す**。自筆証書遺言書は全文自筆で、開封は家庭裁判所内で全相続人の立ち会いのもとでなされないと無効になる。また勝手に開けたら改ざん等の疑いをもたれる。公正証書遺言書は公証人役場で専門知識のある公証人に作成してもらうもので、書式や記載上の不備で無効とされることがない。作成後も保管してもらえるから紛失、改ざんの懸念が払拭される。相続財産額に応じた手数料がかかり、法律で定められた額とはいえ決して安くはない。作成にあたっては証人2人が必要(利害関係者と血族は不可)。

次に骨の始末だ。親が造った墓があるが、私個人としては、後々に面倒(墓じまい)が引き継がれないように合同墓や樹木葬、散骨などがよいと考えている。自分が生きた証しを墓標なぞで残す気はない。いずれ継承者不在となる親の墓の処分は私の死後に他の親族に任せることにしよう。

ひとり暮らしに欠かせないのは食事。洗濯や炊飯は便利に進化した電化製品が作業を代行してくれるが、調理だけはそうはいかない。弁当の宅配サービスもあるが、付加価値が付いている分高くつくし、年金生活者には負担となるだろう。また毎度同じ味付けに飽きてくるかもしれない。ならば手作りするほかない。

私の場合は脳梗塞を患い認知症になって不自由になった母に代わり、やむなく始めた料理だったが、いまや私の生存に欠かせないスキルとなっている。やり始めの頃こそ、料理レシピどおりに計量スプーンセットで計量し、調味料もオリーブオイルとあれば買い求めたりしたけれど、慣れるにしたがい味付けも適当にやり始めた。味にバラツキがあっても食えれば十分と尻をまくったら料理づくりが楽になった。動物性・植物性タンパク質と野菜・根菜類、海藻といった食材をミックスすれば、栄養バランスも自然にとれる。なにごとも基本は身につけておいた方がよいが、あとは適当に独自路線を貫けばよい。普通の男にとって料理は足を踏み入れにくい領域だが、「背に腹は代えられぬ」であり「案ずるより産むがやすし」である。できる、できないではなく、ヤル気の問題だ。ちなみに私の得意料理はカレーとシチューだ。野菜を切る手間さえ厭わなければ市販のルーで簡単調理。

i　日本同様に第二次大戦の敗戦国だったドイツは地位協定を見直し米軍駐留軍の縮減を果たしている。

ii　公証人制度についての問題点を『読売新聞』が連載で特集した。令和元年6月掲載。

◇ひとりでいることの楽と哀

一日を自分の部屋でパソコンと向き合って過ごすことが多い。といって引きこもりになっているわけでない。定年後をのほほんと暮らしているというだけのことだ。若い人たちには申し訳ないのだけれど。買い物に出かけるし、高齢者なりに医者通いもする。そこで会話も交わす。なかば孤独であるが孤立している感覚はない。むしろ孤独を楽しんでいるというと、強がりに聞こえるかもしれないが、正直そんな気分でいる。その気にさせるものが見つかれば、いつでも社会貢献できるし、社会に背を向けて暮らしているわけでないからだ。

医者通いで待ち時間中に私よりもっと年寄りの男女の会話が耳に入った。互いに顔見知りらしく女性が男性に話しかけていた。「何々さんは90いくつで死んで……」と次々に高齢で死んだ複数の人の享年をあげていて記憶力のよい人だと感心の思いで聞いていたら「70代で死ぬなんて若いよ」ときた。もうそんな感覚になっている。人生100年といわれる今日を象徴しているし、であれば政府が70歳までの勤労を推奨するのにも一理ある。あくまで一理だけだが。

中学生の頃から散発的に日記をつけ始め、今は日課のように根付いてしまっている。最初は紙のノートだったが、ITの時代になってから媒体はパソコンに代わった。日記を綴るという行為は自分との会話であり交流だ。向こうにいるのは私自身であり、その彼とやりとりしている。こう表現するとオタク的で気味悪がられるかもしれないが、これが習慣となると面白い。やりとりを通じて、自分を見つめなおせるように思うし、また過去に書いた日記を読み返すと当時の自分と不意に向き合うことになる。過去の自分と出会うことが新鮮で、かついとおしくなる。そのような経験は日記の効用だろうし、知って成長するという観点に照らせば自己の歩みに教えられることがあってもおかしくない。学びの場は無限に開放されている。教えてくれる対象はすべて教師である。

その気になればノートとペン、あるいはパソコンがあればよい。毎年手帳を購入しているのなら、日々の出来事を手短に記録するだけでも簡単な自分史ができる。日記に書きつける内容は、新聞を読んでの、ドラマを見ての感想でも、うっぷん晴らしでもなんでもよい。要は、思いついたこと――そのままにしておくと消えてなくなる――を書き留めることでカタルシス（浄化）が得られればそれで万事オーケーなのだ。

日記の有用性は、記録というだけでなく、考える力を養い、ひいては自己反省のキッカケになるところにある。自らの言動を反省してみようという動機は、多くの場合、文字に綴ってみて生ずるものだと経験上思う。なにごとであってもミスや不正を是正するきっかけは、まず気づくことであり、気づきがなければ問題が見過ごされ進歩前進がない。部下のミスを上司が看過すれば上司もまた糾弾されるが、ミスした部下が自ら気づいた時点で「**報告・連絡・相談**（ホウ・レン・ソウ）」を実行すれば傷は浅くて済む。隠そうとしたり、また気づきがなければ発覚したときに深手を負い致命傷となるだけでなく信用をなくす。信用を失うことがもっともこわい。自分を手直しするのもまったくその伝で、とかく人は自らの非を認めたがらない性癖があり、それが成長阻害要因となっている。一方で自認しただけではダメで実行に移さないと相手に伝わらない。がここで問題なのは、反省の弁を述べると相手が勝ち誇ったかのような表情や態度をみせることだ。結論から言えば、ディベートではあるまいし勝ち負けでないのに、率直に反省した人間を屈服したと思いたがる人間のなんと多いことか。だから反省の弁を述べるのにためらいが生じる。主張と反省。この二項対立のカオス世界から抜け出せないでいるかぎり誰も反省を口にすることはないだろう。この両方の清濁を併せ呑む度量が求められる。簡単に言えば、素直にわかりあえる関係を互いに築く努力をしないと、気づいたら疎遠になっていたという事態になりかねない。『徒然草』の第12段で吉田兼好が次のように吐露している。「なんでも打ち解けて話しあえる友だちというのは滅多にいない。すこしの意見の食い違いで、言い争いになったりするのは興ざめで、そうなるくらいなら、いっそ一人で居た方がましだ」。

思考力を養うにしても漢字が書けないとき辞書で調べるし（パソコンでも同音異義語から選択しなければならない）、そこで言葉のほんとうの意味を知ることになったりする。たとえば「体験」と「経験」の意味の違いはなんだろうとふと思い、辞書を手にする。またこういうこともある。日本語の四文字熟語や慣用句の意味を調べようとして、最初の文字を読み違えるとヒットしない。あれこれ読み方を変えて国語辞典を引き直してみたら当たりくじ。そこで出だしの読み方の記憶違いに気づく。この繰り返しでやがて辞書を引くことが苦にならなくなるし、さらに文章表現を工夫したり、言い換えたり、改行したりしなかったり。

日記をつける、換言すれば「文章をつくる」ことが趣味になっているのかとも思うが、集中できているると時間を忘れ、気が乗らないときはさっぱりだ。文章をつくることは結構気疲れする。この趣味のようなものが高じて、あることにチャレンジして力試しをしようと思いついた。民間団体が実施している「日本語検定」だ。2年連続して受けて、1回目2級、翌年の2回目で準1級になった（このランクは今はない）。さらに1級を目指そうとしたが、その団体の理事長が官僚の天下りと知って意欲を失った。

それは余談だが、本を好んで読むようになったのは、高校生のときからだ。夏休みの宿題で読書感想文を書くようにいわれ、夏目漱石の『こころ』を読んでの感想を綴った。返ってきたノートに赤いペン字で担任の先生から好意的なコメントが記されていたことがきっかけだ。褒められると頑張る気持ちが大いに高まる。読書は、小説であれば現実には経験できない別の人生をみせてくれる。晴れ晴れしたり、やるせなくなったりするし、風景や心理描写など表現の巧みさに驚いたりする。総じて読書によって語彙が豊かになるし、考える力の源泉となる。「知るは楽しみなり」というまさにそのとおりだ。ついでに「読み、書く」という行為はボケ予防にもなるかもしれない。

ところで、ひとりで居ることはいうまでもなく孤独感や寂しさを伴う。最初に「笑い」が消える。笑いが健康の源といわれてもひとりでへらへら笑っていたら、それはおかしいだろう。笑わせてくれる相手がいないし、笑い返してくれる人もいない。ひとり暮らしに笑いが消えてしまうのはどうしようもない。多世代同居の時代が過去となった現代社会では、耐え忍ぶほかないのか、それともまた多世代同居に回帰するのか。

世間には家族に囲まれながらも孤独に苛まれている人もいるだろう。そんなときはいっそひとりであることを自覚してしまう方が、気持ちがふっきれて、ある意味気楽になれるかもしれない。ひとりで居ることを自由闊達に、イキイキと過ごしている人もいる。とくに女性の場合楽しくてしようがないと言い切る人もいる。残りの人生をアクティブにエンジョイできるのは男より女なのかも。

独居の高齢者を含めて「一人世帯」は平成27年の国勢調査で約１８４２万世帯。５年前の前回調査より１６３万世帯増え一般世帯の35％を占めた。国立社会保障・人口問題研究所の推計で２０４０年には１９９４万世帯、比率にして39％になるとみられている。「一人世帯」のうち65歳以上の単独世帯数が５９２・８万、15年前の調査（平成12年）と比べて１・９倍の増（３０３・２万→５９２・８万）。他方で「親と同居」している人の割合は人口の33・８％、15年前の調査から一貫して低下傾向にある。高度経済成長期に進んだ核家族化が子の世代にそのまま引き継がれ定着した結果とはいえ、ひとりぼっちが確実に増える。

『読売新聞』紙上に「人生案内」という悩み事相談欄がある。平成の時代に寄せられた相談事を振り返る特集記事が目をひいた。平成になってから独居の高齢者が大きく増加し、同時に老後が長くなったのが特徴で、それに伴い孤独のつらさを訴える相談が多様化したという。

〈広い家で一人暮らし。趣味のサークルは楽しいが、夜一人で過ごしていると、寂しさを感じないではいられない〉

〈長生きが怖くてしかたない。70代で一瞬のうちに死ぬのが願いです〉

〈息子の家族と同居しているが、ほとんどの時間を一人で過ごしている。毎日一人でいると言葉を忘れてしまいそう〉

特集記事は次のように結んでいる。「一人だから孤独とは限らず、心が通じ合わないなら、家族や仲間といても寂しい。自分という個に向き合って『よい孤独』を味わえるかどうか」

ひとり暮らしは、私が迎える近未来の現実だ。日々を安心して過ごせる工夫をこらすのは大事なのだが、我慢の限界を感じたら、遠慮なく助けを求める「勇気」をときには出してみる。恥ずかしかろうが、世間体が悪かろうが、声をあげれば救いの手が差し伸べられなくもない。まずヘルプと叫んでみることだ。

◇助けを求める勇気

女優の須藤理彩さんが全労済の機関紙（*Safety Family*　２０１９年新年号）に語った内容を転載する。「夫が２０１６年に亡くなり（当時、二人の娘がいた）、私ひとりで育てなければならなくなりました。そのとき心に決めたのは自分だけで何とかしようと思わず、できないことを認めて周りにたすけてもらおうということです。本人がＳＯＳを出さないと周りもどこまで手伝ってよいか戸惑うと思うので、私は最初から、『できないからお願い！』『皆さんたすけて！』と、母や近くに住む姉夫婦を頼りました。ギリギリのところでたすけを求めるのでなく、最初の段階で『たすけて！』と言えたことで、お互いの心に余裕が生まれてよかったかなと思っています」。続けてこう語る。「家族だけでなく、事務所のスタッフやママ友にもたすけられています。近所のママ友は『いつでも子どもを預かるよ』と言ってくれるし、私が家にいるときはママ友の子を預かることもあります」

人間といったところで動物に過ぎないから、自然死（老衰死）や病死、事故死するまでは生き続けるしかない。**お年寄りがひとりで暮らしながら淡々と生きているのも、**本能がそうさせるからだ。それを拒むなら自死しかない。長命を祝う言葉に１２０歳（還暦の2倍で大還暦）と２５０歳があるそうだが、祝ってくれる同居家族がいなければ、それもむなしい。おしゃべりができないことはけっこう辛く、寂しさを倍増させる。ＡＩ（人工知能）技術の活用で会話ができるロボットなどが開発されれば、寂しさからいくらかは解放されるだろう。

体の自由が利かなくなって日常生活で不便を感じるようになったら、介護保険を使ってヘルパーを派遣してもらったり、介護福祉施設でデイサービスを利用したりすることになるが、このサービスを受けるには「要支援」、「要介護」の認定が必要になる。

人間の体力は60代に達すると20代のときの半分に低下するという。手足の動きも鈍くなり、財布から小銭を数枚つまもうとして指先がかじかんだようで、うまく取り出せない。レジ係の人や後ろの客に申し訳なく思ってもどうしようもない。「健康寿命」を全うしようとするなら、元気なうちから体力、筋力そして頭脳を鍛える努力が必須のことと実感する。

人間の成長と老い

このごろ**「人間の成長と老い」とはどういうことなのだろう**と考える。高齢になるとは、肉体だけでなく精神の勢いの衰えだ。知識修得や集団内での人間関係トレーニングの場となる学校教育期間を除いて、それ以降の長い人生における人間的な成長とはなんだろう。思うに個々人において「自己反省」を積み重ねることにあるというのが私の持論だ。たとえば読書は教養を身につけ、知識や見聞を広げるとかいわれるが、それは後付けの牽強付会《けんきょうふかい》に思われ、素朴にいえば読んで面白く、学んで楽しいからだ。それが「知るは楽しみ」につながり、結果として教養とかが備わるに過ぎない。

スポーツ選手が最近よく「試合をたのしみたい」と発言するようになったのは、その意味で好ましいことだ。

１９６４（昭和39）年に開催された東京オリンピックの頃は、国威発揚の場でもあったから選手には悲壮感すら漂っていた。この大会でマラソンの銅メダリストだった円谷幸吉選手が４年後に「幸吉はもう疲れ切ってしまって走れません」と言い残して自殺したのも、過剰な期待が負担だったのではないかと報道された。楽しいからこそ人は強制されるまでもなく自発的に取り組むのであって、苦痛に感じたらやめれば済むだけのことが、個人の自由意思より社会的なプレッシャーが強く作用してしまう世の中であり、時代の雰囲気だった。

一方で、人間の成長の源は「考える力（知性）」と「感じる力（感性）」にあるのではないかと考えている。知性による自己反省が好ましい方向へ自らを修正していくし、その貯金の質と量の合計が成長という形で映し出されるものだろう。その形のありさまは、おそらく自分自身には見えなくて、他人の目によって初めて認知されると考える。だから成長した姿は自らには知覚されにくいだろう。

次に「感じる力」。人の心はどこにあるかといえば、心臓だろうとかなり昔は想像されていた。現代の脳科学の知見では、人間が人間らしく存在できているのは一切脳に帰一する。理性、感性とかいってもそれを司っているのは我々の脳みそで、人間存在の司令塔だ。人間だけでない。どんなちっぽけな小動物でもノーナシはいない。かつて「ノータリン」という侮蔑語があった。これを敢えて使って表現してみるならノータリンは人間社会だけに出現し、突発的に発生するガン細胞みたいなもので、ほっとくと転移し社会に害をなすが、早期発見・早期治療を施せばまっとうになる。ノータリンは「脳が足りていない」のもじりだ。

政治家でいえば桜田前五輪大臣、片山さつき特命担当大臣、丸山穂高参院議員があげられる。桜田は認知症の疑い、片山は何かにつけ週刊誌ネタの好餌となっているし、丸山はアルコール依存の疑いがあるので早々に議員辞職して出直したらよい。

前頭葉という部位は疲れやすくできているらしい。ものごとを合理的に考える作業領域が前頭葉。脳を機能別に腑分けすると上下左右それぞれに役割分担が明確に存在するというのが今日の脳科学が示唆するところだ。前頭葉が疲れると別の脳の働きを求める。そんなとき音楽を聴いたり、小説を読んだり体を動かしたりすると脳の別の領域が働いて気分転換になる。これが感性の持ち味だ。理性と感性とは車の両輪でバランスが大事だ。そのことはまた車のハンドルに「遊び」があることにも通じている。ハンドル操作に遊びがないと車の安定走行がむずかしくなる。走行中にハンドルを多少左右に回してもすぐに反応しない仕組みになっているから、車両走行にふらつきがなくなる。人にとっても遊びは、まっとうに生きていくために欠かせない息抜きであり、砂漠のオアシスである。

では成長に終わりがあるのだろうか。これは長生きしてみないとわからないことだが、ないと信じたい。喜怒哀楽の情が薄れ、気力が減退し枯木のようになっても、たとえば朽ちた倒木から新芽が芽生えないでもないことからして、そのように思いたい。

ところで人間における尊厳死、安楽死の是非について議論がある。植物状態になっても生かされるべきかどうかという重いテーマだ。人権は生者にとって必要不可欠な権利だが、他方死ぬ権利はどうなのだろうか、という反対命題が提起される。体が硬直していき、酸素マスクなくして呼吸もできなくなる神経性の難病を患っている人が、意思がはっきりしているうちに自ら安楽死を望み、安楽死を認めている外国の専門病院で死を迎えた。が、そのような積極的な安楽死を是認しない日本では、遺骨の埋葬すら国内で許されないため、死亡地の外国で散骨したという。なんと非情な国、ニッポン。日本の土に還れないというのは棄民思想そのものでないか。生きる権利と死ぬ権利。相反するテーマであるが、比重としては生きる権利に行司軍配があがる。

しかし今後、身寄りがなく資産もない独居老人が認知症になって意思の確認ができなかったり、また予め尊厳死を望む意思を明確にしている場合、どう対処するか。まして認知症者が増えるとの予測があり、有効な治療法、治療薬の開発も停滞している現状からして、考え始めてよい課題だろう。

◇高齢の親と暮らして

年をとると考え方に柔軟さが消え、学習能力も衰える。ステレオタイプな思考になりがちで、融通がきかなくなる。フィードバックできないと我意の強い人間とみなされ敬遠されたりする。柔軟な思考と感覚というのは、身なりを若々しくしておしゃれを楽しむ気分と同様に、前向きに生きようとする人の必須アイテムだ。思考といい感覚といい、すべて脳の働きだから、脳には健全に活動してもらわなければならない。

超高齢（90歳以上と勝手に定義）な親とは、共通の話題に乏しくなるから話し相手にもならない。91歳の二親、脳みそが岩盤かコンクリートで固まっているようで柔軟な発想ができなくまともに付き合い切れない。

親世代は戦前から戦後を体験した世代だ。それがいまや電気、水道を無造作に使っている。幼少・青年期のひもじい経験の反動で浪費しているということだろうか。

親を非難ばかりしているようだが、反面教師としてみていて、そのようになりたくないとの思いがあるからだ。脳年齢を若く保つ方法のひとつとして「自分との対話」をしてみるのも有効でないだろうか。無論、他人との交流も不可欠な要素が、ここで再び『徒然草』から引用する。「なんでも打ち解けて話しあえる友だちというのは滅多にいない。すこしの意見の食い違いで、言い争いになったりするのは興ざめで、そうなるくらいなら、いっそ一人で居た方がましだ」。

他人との交流の中でこのような幻滅をおぼえるようであれば、自分と向き合うしかない。私は日記をつけることで自らを問い直したりする。人は、普段いろいろなことが脳裏に浮かんでは消える。それらは有益なアイデアであったり新鮮な発想であったり、逆にとりとめのない記憶のよみがえりだったりする。そのなかで書き留めておきたいと思うものがあるはずで、それを文章に仕立てる行為が脳の活性につながるかもしれない。なにもしないでいるよりはマシだ。

昭和60年に放送されたＮＨＫのドラマに『冬構え』がある。一人暮らしの老人（笠智衆）が家財を売り払って得た大金をカバンに詰め東北へ向かう。それは死に場所を求めての旅立ちだった。旅の途中に出会った人との交流があり、結局死にきれなかったというストーリーで、最後に主人公が「死ぬのも……なかなか。容易じゃのうて」とつぶやいて終わる。老いの悲しみと死のうとしても死にきれない心中の葛藤が淡々と描かれていた（脚本：山田太一、演出：深町幸男）。

老醜を重ね続ける超高齢の親と同居している息子が「死んでしまえ、死にぞこない」とくちばしることがある。また外出して年寄りばかりが目に付く現実に暗澹としてしまうことがある。

話が飛ぶが、幼い子どもたちが親の虐待、育児放棄で命が失われることの罪こそ重くはないか。それは「子不幸」であり、親不孝なぞより今日では重罪ではあるまいか。親が親らしいことを子に施し、子は子らしいお返しをすればそれで帳尻は合う。尊属殺人罪という刑事罰がかつてあった。親を殺した罪は通常殺人より重罰（通常殺人罪が懲役３年から無期懲役または死刑に対し、無期懲役か死刑）が課せられていたが、１９７３（昭和48）年に最高裁判決で、「法の下の平等」を定めた憲法違反とされてから、1995年の刑法改正でこの罪名が刑法から削除された。「尊属」と「卑属」とで刑法上の扱いに差があったのは、明治時代に制定された刑法の規定に始まる。親が子を殺したときは通常殺人で、子が親を殺すと重罰に処せられるというのは、儒教的な道徳観に根ざしたものともいわれるが定説ではないようだ。いまふうに下世話にいえば「上から目線」での発想といえる。

◇親への虐待

認知症の親に対する言葉や力による暴力は息子から加えられることが多いという。現在、母が認知症だ。母の面倒は父親にまかせっきりにしているが、ときに苦々しい思いがこみ上げて、息子の私が声を荒らげて罵倒する。そういう行為が「虐待」と非難される。「いずれ君がたどるかもしれない道だ」と言われても、ストンと腑に落ちるものではない。食事のときにご飯粒を床にこぼすし、たしなめられてもヘラッと意味不明の笑いを浮かべるし、人間らしい知性とかに触れることができなくなって、母は人間でないただの動物に退化しているとしか捉えられなくなる。日中なのにトイレの電灯を点けたまま消し忘れるし、手洗いの蛇口の栓は閉め忘れ水道水を流しっぱなしにするし、私が嫌う「無駄」なことが多い。日ごろ面倒をみている父の姿がみえないと猫なで声で父の名を呼びながら室内を捜し歩く。まるで子が親の後追いをする姿そのものだ。一方で自分の意に染まないことがあると憎まれ口をたたく。あるときは子供に返り、またあるときはガキ大将になる。日々そのような振り幅のある姿を見せ続けられるとイライラし、嫌悪感に襲われる。誰かに罪があるのでなく、ただ寛容と不寛容の差、要はキャパシティの問題だ。

分別のつかない子供を叱ったら「しつけ」で通るだろうが、認知症の親には通用しない。なぜならしつけの施しようがないからだ。

「高齢だからおだやかに接するように」と諭されても、ものわかりの悪さに呆れ、手を焼いているからこそ、悟りきれずに困っているのだ。助けてくれと声をあげたいのは息子の方なのだ。あくまで心理的な問題だから簡単には解消されないだろうが。超高齢者がのほほんと暮らす、それはそれでよいのだが、認知症でなくとも老いては子に従えで、譲るところは譲り、メンツとか我意を捨ててしまえばよくて、それができないのであればこの後、生きづらさを抱えたまま過ごすことになるだろう。

◇日本人の平均寿命

１９６０年の平均寿命は女70・１９歳、男65・３２歳。このことから65歳以上を「高齢者（老齢人口）」と区分するようになった。今後２０６５年には女91・３５歳、男84・９５歳と予測されている。まさに「人生１００年時代」の到来。高齢者の区分の上限が繰り上げられ、70歳以上が高齢者でそれ未満は「生産年齢人口（現行15〜64歳）」に組み込まれる事態となるかもしれない。

加齢とともに時間の遅速に関する感じかたが違ってくる。年を重ねるにつれ１年があっという間に過ぎると感じるのはどうしてかとNHKテレビのバラエティー番組で取り上げていた。理由は、大人になると人生のトキメキがなくなるからだと。子供は母の胎内から生まれてこのかた、目にするすべてが新鮮で、興味津々、知りたくてうずうずしているのに対して、「大人」になると単調な日々の連続に格別の印象が残らなくなる（トキメかなくなる）からで、ときめく感覚は19歳を境にすこしずつ消えていくそうだ。私の場合は、現役のころに時間が短く、退職後のいまが長く感じられるのは別にときめいているからでなく、単なる個人差なのだろう。

子供の頃は遊ぶことに全てのエネルギーが向けられ、明日は何をして遊ぶかに心が奪われていた。幸せな時分だったといえる。この後の半生を桜の花になぞらえてみる。大学受験や就職試験での合否電報に「サクラサク」、「サクラチル」とか「イカンナガラ　キイニ　ソエズ」とかが届くものだが、そのなかで、「サクラサク」の文字が目に入ったときの喜びは無上のものだった。これが一回目の「サクラ満開」の時。得意の絶頂だった。それから結婚して子が生まれてからは、子の成長が楽しみとなり、それが二回目の「サクラ満開」の時となった。残余の老後は、ひとりぼっちの道を着実に突き進み、いかに暇を暇と感じないかに腐心しているわけで、他者の目には「枯れ木も山の賑わい」と映っているのだろうか。もう花を咲かすことはないと思うにつけこうしてざっくりとわが半生を振り返って総括し、人生そのものが大いなる暇つぶしと言い切ってしまうと実にサバサバして爽快だ。

◇人間という生き物

前期高齢者（65〜74歳。医療制度上の年齢区分）に属する年齢になり、死が対岸の火事のような他人事でない境遇にあるせいか、人間という生きものに「もの哀しさ」を覚えるようになった。年齢、性別を問わずに。スーパーに行くと少なからず目にする光景がある。杖を突きながら、腰を「く」の字に曲げながらも高齢の老人がひとりで買い物をしている姿だ。一人暮らしなのだろうと想像してしまうが、いずれわが身の行き着く先の姿とダブって、ややこしい気持ちになる。そんなとき、つい、なぜ生き続けるのかと自問してしまう。正解はないから、考えても無意味といわれればそのとおりだが、考えないでいられないから考えてしまう。

生きる目的はなにか、という問いかけは若年のころ自らに発したもので、その答えは高齢者となった自身の今日の生きざまに反映されているはずだし、すでに回答は完結に向かいつつある（完結するのは死のとき）。スーパーで「なぜ生き続けるのか」と思うその本当の心持ちは「生きる意味や目的」から離れ、具体的には「残りをどのように生き、どのように死んだらよいか（死にがい）」という終末への問いかけにシフトしている。電気がぴちぴちとスパークを起こしているかのように、いまをはじけ跳ぶように生きている幼少年の人たちであっても、いずれこの心境になるのだろうと思うと、なんだか悲しくなってしまう。ヒトだけでなく、小鳥などの小動物に対してもそんな感情を抱いてしまう。心境にどんな変化があったのだろう。いつ亡くなってもおかしくない老親ふたりとだけ長い間暮らしていることによるのか、あるいはそのことも含め自分をしあわせでないと感じているせいだろうか。人生を謳歌できている人たちはこんな気持ちになるだろうか。生き物そのものに哀しみを感じる心理は、強いて言えば命というものへのいとおしさからくるのかもしれない。

長命であることは、たとえば認知症を患ったりするリスクが増すことである。最悪「要介護5」（寝たきり、コミュニケーション不全の状態）のレベルまで進行すると、人間というより動物としての生命をつないでいるだけの存在ということになってしまう。家族にしてみれば不都合であっても自然な死を迎えるまで面倒をみようとするのは、**認知症になってもどこかに人間としてのかけらが残っていると感じるからだ。**

動物園で飼育されている動物は飼育員が調合した食物を与えられて、排泄し、ねむり、次の朝を迎える。このリフレインが認知症者の姿とオーバーラップする。そのように処遇されて人はどんな感懐を抱くのだろう。私には黒白つけがたい未知のグレーゾーンだ。できるものなら、みっともなくなる前にぽっくりと消えたいものだ。

蛇足ながらヒトは分類学上、最上位の「ホモ・サピエンス」と位置付けられている。

生物界でもっとも高い知能を有するとの認識からだろうが、遠い未来に、人類にとってかわるなにものかが最高位について分類すれば、わたしたちはどのような位置づけになるだろう。ある意味でロマンを覚える。

◇一つの観念に凝りかたまってしまう人の性

なにげない会話や議論の場で、どうして人は我意を張ったりするのだろう。ある考えや感情にとらわれて、その虜となり、そのこだわりから自由になれないのか。個人的な思考内のことであればいくらでも自己修正ができる。パソコンにたとえれば、簡単に「上書き」して加筆、訂正ができることと同様なのに、だ。ところが他人という存在を意識すると、人の心にこわばりが生じ柔軟さに欠けてしまうように思う。

夏目漱石の『草枕』の出だしは次のように始まる。「山路を登りながら、こう考えた。智に働けば角が立つ。情に掉させば流される。意地を通せば窮屈だ。とかくに人の世は住みにくい」。世間とは人と人とが交わる場であるが、ときには煩わしかったりもする。他人が介在すると、自説に固執し、反発し、素直になれないのは、相手との相性があわないとか自己の性格の問題とかではないだろう。たぶんそれは、自己否定されることを避ける防衛反応のような心理が働くせいだろうと考える。柔軟な思考力こそ自らを成長させ、視野を広げることにつながるはずだから、なるだけ我を張らず、他人の言に耳を傾けたいものだ。

いまラジオで『千の風になって』という歌が流れている。これは亡くなった人からのメッセージであり、死の受け止め方をやさしく諭しているような歌詞で、素敵だと思う。

児童虐待を考える

今日の教育現場で教師の疲弊がとりざたされている。これでは子供を育てる教育なんてできるわけがない。教育というとき学校教育と家庭教育のふたつがあり、基本的なしつけは家庭が担わなければならない。にもかかわらずモンスターペアレントと嫌悪される親のはびこりようはとても嘆かわしい。その無責任でくだらない威圧が教育現場を歪め、それが子供の健全な育成の障害となっていることに気づかないのだろうか。情けなさすぎる。いじめを無くそうといくら号令をかけても教育現場が疲れ切ってしまっていては、いつまでも放置されてしまう。教師を無駄で無意味な事務的業務から解き放つことだ。それが教師にとっての働き方改革だろう。対症療法でない、根本から改める気概と気骨が教育界に求められる。そうしないと教育委員会の役割と存在意義が疑われ、症状がさらに重篤になる一方だ。

幼児、児童を虐待死させる大人が問題だ。野生動物の世界で弱肉強食が日常茶飯事で、子が外敵に捕食されたりする非情さとはわけが違う。動物は命をつなぐために他の動物を襲うが、人間の親の虐待行為は、ただの弱い者いじめであり、その死に至らせるまでの処遇のありさまは、虐殺（残虐な手段で殺すこと）といってしまってよい。そういう大人の出現の根源をたどれば、その教育環境（いじめに遭ったとか）や家庭環境、さらには同調をよしとし、異質を排除する社会一般の不寛容さに行き当たるだろう。

◇いじめと親による子の虐待死

平成31年1月24日深夜、千葉県野田市居住の父親・栗原勇一郎（41歳）からの通報で駆けつけた消防隊員が自宅浴室で死亡している心愛《みあ》さん（小学4年・10歳）を確認した。その前年3月に起きた東京都目黒区の船戸結愛《ゆあ》さん（当時5歳、加害者・養父・船戸雄大〈33歳〉）の虐待死があったばかりで、いずれも児童相談所の慎重さを欠いた対応のまずさが表面化したうえ、傷害容疑で両親ともども逮捕された。偶然だが子の名に「愛」の同じ文字があることになおさら痛ましさをます。結愛さんは「愛を結ぶ」と読める。名付けた親の思いがしのばれる一方で、同じ親によって命を断ち切られたことになおのことやりきれなさが募る。今回の事件は両親による虐待死。子どもの命がなんと軽く扱われていることか。虐待された子に残る後遺症は深刻で精神面での治療はむずかしいとされる。親子間での愛情関係が形成されず「いつ暴力を振るわれるかわからない」という絶え間ない恐怖心と極度の緊張を強いられるから、子どもには生涯残る傷となる。虐待する親の多くが精神的に不安定でＰＴＳＤ（心的外傷後ストレス障害）を抱えているという指摘がある。親自身が幼少期に虐待を受けると成人後も力での支配・被支配という人間関係しか築けない。学校でいじめに遭っていたかもしれないし、家庭内暴力を振るわれていたかもしれない。いわば「負の連鎖」である。

虐待をしつけの一環と容疑者の親は強弁しているが、どこまでがしつけでいじめ、虐待なのかについて社会の認識があいまいであることも背景にある。子に対する親の権限として民法に「懲戒権」が明記されている。この規定が虐待としつけを不分明にし、体罰を助長する風潮がまかり通っているのでないかとして、政府与党もこの条文の見直しを法務省に要望した。まっとうな人間関係を形成できないまま成人した親は暴力的になり、子への虐待、弱いものいじめに向かっている。そのような病根にメスを入れて対策を考えないと、負の連鎖は連綿と繰り返される。

小学生のときにとても仲が良くいつも一緒に遊んでいた同級生が小学生のまま亡くなった。その日を境に彼の姿を見ることがなくなっても「死」の意味がわからなかった。

いじめがもとで自殺する児童、生徒の悲報に接するたびにこの経験を想起する。小・中学生にしてすでに自殺とか死んだ方がマシだとか考えてしまう、その幼心に襲いかかって死に至らしめるのは一体なんなのだろう。鬼とか魔物とかのせいであるはずはない。すべては大人、社会、教育界が化け物になっているからで、子は、親や大人の立ち居振る舞いを見よう見まねして「学習能力」を身につけ人間としての成長があるように、元凶は、大人が構築してきた社会のゆがみとかいびつさを、子供ながらに敏感に感じ取ってしまったがゆえの結果といえなくはないか。子供の感受性を軽視してはならない。

出生率が下がりっぱなしの今日であればこそ、子の命の尊さを慮るべきなのに県の児童相談所や教育委員会の対応にしろ、命が軽く扱われている感を深くする。

世論調査の手法について

何かを問われて「賛成」か「反対」か、そうでなければ「どちらでもない、わからない」という三択式の世論調査が幅をきかせている。「賛成」と「反対」は意思の表明が明確だからそれでよいが、問題視したいのは「どちらでもない、わからない」と回答した層にさらに踏み込んだ質問を重ねないと、世論が十分に反映されたといえないということだ。結果は円グラフで公表されることが多く「どちらでもない」の占める割合の大きさが視覚的に表示されるだけに、その理由を細かく知りたくなる。そこを掘り下げないで十把《じっぱ》一絡《ひとから》げに括られてしまったのでは、民意の反映とは認めがたい。仮に理由を記述させた場合、多種多様な意見の集約には手間と時間がかかるが、拙速よりは必要にして十分な結果の提示こそ優先されるべきだ。

思うに日本人は三という数字が好きなようだ。三庭園、日本三景、三大夜景、三名城に加えて否定的な響きのあるものでは、三無主義（無気力、無責任、無関心）、3K（キタナイ、キツイ、キケンの頭文字Kより）。この嗜好癖が世論調査の三択形式に引き継がされているのかと思ってしまう。外国での世論調査の形式もこのようなものだろうか。

概して、選択式はものごとを単純化してしまいがちだ。極言するなら半ば思考停止に陥っている。考えるから人類は知性と感性を磨き、科学技術の進歩や文化芸術の発展を遂げてきたし、将来もそのようでなければならないのに思考停止に陥ってしまっては未来を描きようがない。ＡＩ技術が今後飛躍的に進歩し、より便利で快適な暮らしの実現に期待が寄せられているが、他方、軍事への転用――ＡＩ搭載の無人兵器が人間を殺害する――がすでに中国、ロシアで着手されているのは、とても懸念される事態だ。応用開発の道を一歩踏み間違えれば、とりかえしのつかないことになることを想定すべきで、日本を降伏させるために投下された原子爆弾が現在数カ国で保有され、一触即発の危機をはらみ続けている現実と向き合わなければならなくなっている。だからこそ考え、意思を表明し、行動しなければならない。

差別意識はなぜ生まれるか

人は意図せずに差別意識で他をみてしまうことがある。その心理は己を優位におくことで安心していたいから、というだけでないにしろ根っこはそこらへんにありそうだ。昭和の高度成長期のある時期に上流、中流とかの意識がうまれ、一億総中流という言葉が流行したことがある。給料、賃金があがりテレビ、冷蔵庫、洗濯機が三種の神器ともてはやされ、それらを買いそろえる家庭が経済的に「中流」とされた。「もはや『戦後』ではない」というフレーズが生まれたのもそのころ。賃金も毎年ふえていたから、ほとんどの国民がそれを実現できた。この時代は誰もが中流でありえた。上流、中流は経済的な意識感覚にすぎないが差別感がまったくなかったかといえば、はっきりと否定することができない気もする。

話の流れで差別ということを考えてみたい。

差別意識というたちの悪い性根が本能のようなものであれば、後天的に絶えず矯正を加えないと、たちまちヘイトスピーチなどに転化する。理屈とか理性とかで解決できる性質のものでない。理性以外で抑止力となるのは、「感じる力」＝「感性」。ここで感性と感情との違いを辞書で確認すると、感情は喜怒哀楽などの気持ちであり、感性は能力とある。がいずれも脳の作用であるということでは同じである。その差異を自分なりに分析解釈すると感情はより動物的、感性はより人間的である。では人間的とはどういうことか。理性・感性・感情のバランスがほどよくとれていることと定義したい。

コペルニクス的大転回、万有引力・真空などの一連の発見は理性。他方、絵画・音楽の分野は感性の世界だ。音楽で五線譜を編み出したのは人間の理知だろうが、ふと湧いたインスピレーションをただちに音符に再現して楽譜に記録する作業は、音楽家の感性だろう。

同様に絵画でも構図上「黄金比率」がどうのとか、色遣いがどうのとか理屈をならべても、そんなのは屁のようなもので、描く人と眺める人とがともに共感しあえればそれでよい。理屈を突き抜けたところに感性の世界が待っている。それは風光明媚な絶景をみて感動することとすこしも違わない。感性の分野における理屈抜きのすばらしさだ。感性といい感情といい、一言でいうなら相手の気持ちに寄り添うこと、つまり「感じる力」だ。ながながと語るまでもない。次のエピソードがすべてを物語る。

韓国で開催されたピョンチャン冬期五輪（２０１８年）の女子スピードスケートで金銀を分かち合った小平奈緒選手と韓国のイ・サンファ選手の二人に、韓国の財団から日韓「友情賞」が授与された（翌年4月7日に授与式）。長年、ライバルとして競い合ってきた二人だが、明暗をわけたレース後、自国開催の五輪で優勝を逸したイ・サンファに勝者の小平が寄り添い、静かに抱き合って互いをたたえ合う姿が感動を呼んだ。イ・サンファは「奈緒との間に幼い頃から真のスポーツマンシップがあったから」といい、「思いがけず注目を浴びたが、私たちにとっては自然なものだった」と小平奈緒。日韓関係がぎくしゃくしているなか、淡々と当時を振り返って語ったこの言葉には、裏表のない実の姉妹のような素朴さがあったし、政治の風向きとは無関係に、前向きで明るいもの、そしてすがすがしさが私の頬をなでた。

このような民間外交の妙味というようなものは、いうなれば地下茎で次世代に生命をつなげるタケノコかレンコン、ワラビのようなものであろう。食べておいしく、次の年にまた芽吹いておいしい食材を提供してくれる。他国との関係もそのようでありたく、悪感情からは好ましい未来志向は生まれようはずがない。

反面、インターネットの世界で「炎上した」とかの騒ぎが起こる。理由のひとつに、誰かが発信した情報を鵜呑みにして、それを転送、拡散させることがあり、踏み留まって「考える力」が作用した形跡がみられない。だから見当違いの方向に反作用して物議をかもすことになる。立ち止まれないのは、なぜだろう。まるでなにかに追われているようではないか。意味もなく右往左往している姿にみえて、苦々しい。

かつて交通安全の標語で「狭い日本そんなに急いでどこへ行く」というのがあった。

急ぐ必要もないのに、忙しそうにしていないと落ち着かない、いわゆる「貧乏性シンドローム」に陥っているみたいで、無思考的に行動してしまうネット社会に恐怖すら覚える。

それにつけ考えることは世に言う「フェイクニュース（事実誤認の偽情報）」の存在だ。フェイクの語が認知されたきっかけが米大統領トランプだった。大統領が自らのツイッターで発言するなぞは異例のことで、それも事実誤認に基づく身勝手なことを平気で発信し、その誤りに気づきもしない愚かしさは前代未聞の醜態を世界中にさらしている。一国の大統領がツイッターで情報発信すること自体、ありえないことだ。トランプはほどほどの感覚がわからないようだ。世界中でSNSを通じて誤った情報がたちまち拡散する、そして拡散された偽情報に踊ってしまう社会に安心安全はなく混迷を深めるばかりだろう。トランプは米国史上、最低最悪の大統領として名を残すのでないだろうか。腹立たしいのでさらにくさすと、トランプカードの魔女、いや魔男というべきだ。

便利な道具も使いようによっては凶器になる。このような風潮に煽られている日本で、もし南海トラフ級の大災害が起こったとき、東日本大震災時に世界から称賛された、日本人の秩序立った冷静な行動原理（外国では先進国でも混乱に乗じた暴動、略奪が起こる）が根付いているのは、日本人の強さであり、誇りであるが、これと同じ行動がとれるのか不安になる。

災害列島日本

1964（昭和39）年に新潟地震（マグニチュード7・5、当時の震度で最高レベルの5を記録。地震保険が誕生するきっかけとなった）が発生した。地面が大揺れに揺れた。昼休み時間中のことで校舎にいた生徒は一斉に屋外に走り出たが、その目指す先が一様に山のある方角だったのが不思議だった。たぶん海に近い地理環境から津波を無意識のうちに想像したものでもあったろうか。

その後、通学していた中学校の木造校舎が危険だというのでしばらく登校が禁止された。校舎につっかい棒のような補強がなされてから教室に出入りできるようになったが、断水のため生徒は水筒持参だった。落ち着きを取り戻したある日、「そのうち津波にこの街がのまれる。逃げた方がよいらしい」と同級生から告げられた。結果として地元を離れた住民はいなかったようだし、同級生も私も普段通りに過ごした。当時はインターネットやスマホ、携帯電話がなかったときで、おそらく噂話が伝言ゲームのように広まったのだろうが、デマとはそうしたもので、第一に疑ってみること、第二に真偽を確認すること。これは特殊詐欺の被害に遭わないための鉄則としても通用する。ただし、デマかそうではないかを判断する材料を入手できない場合、対応に悩むが、情報通信機能と体制がはるかに進んだ現在では、メディアが即座に正しい情報を伝えてくれるのでなによりだ。もっとも折角情報があっても、平成30年夏の西日本豪雨災害で明らかになったように、避難しなかった住民の多くが犠牲になったことを踏まえるなら、避難を即断即決して実行できるかどうかは、私たちにかかっている。

なぜ避難をためらうのかについては、心理学でいう「正常性バイアス」が働いてしまうからだ。根拠がまるでないのに「自分は大丈夫」と思いこんでしまう。いってみれば心のなかに潜んでいるお化けのような〝安全神話〟——静穏な日常を否定したくない保守性、現実逃避型の心情——が避難行動を遅らせる。風水害が起こって「避難指示」が出されたら、この心の癖を思い出してすぐさま安全なところに逃げることにしよう。

ちかごろの日本は災害列島だ。阪神淡路大震災、東日本大震災に加えて大阪府北部地震、平成30年北海道胆振東部地震と続きなお頻発する地震と火山噴火の危険、想定外のゲリラ豪雨に見舞われ、そのつど死人がでる現実を受け入れながら生きていくしかないが、気象災害については私たちの努力次第で収束に近づけることができると確信する。「災害は忘れたころにやってくる」どころか「忘れる間もなくやってくる」のであればこそ、防ぐ手立てを講じていくのが人間の英知というもの。気象災害についてはごみの問題とともに再考する。

血のつながりと赤の他人

父母の家系では親戚の間で「本家」、「分家」という血縁感覚が現在も受け継がれている。本家とは父母が生まれ育った地であり家屋である。本家の当主は世代交代して従兄関係にある人がなっていて、家屋は改築されたり新築されたりして当時のままでない。それでも本家としての心配りは絶えることなく続いている。分家筋の誰彼が死ぬと本家を通して他の分家に連絡がくる。この伝統気風がこの後、どの世代まで継承されていくかわからないが、ありがたい血族意識である。

神社で合格祈願したり、家内安全を願ったりすることと親戚を頼りにする心持ちとはまったく違う。一方は信仰であり他方は現実である。〝遠くの親戚より近くの他人〟――と一時期いわれてきたが、近所づきあいの希薄さにより近年では「近くの他人」が文字通り他人になっている感がある。

神様が願いを聞き届けてくれると信じている人はいないだろうが、いつの世も混沌として不確かさのなかにほうりこまれているから、安泰でいられるように神頼みする。親族という存在にしても、冠婚葬祭以外ではめったに顔を合わせることがなく、せいぜい年賀状のやりとりくらいの付き合いでしかないので、困ったとき、とくに経済的な支援が必要なときに助けてくれる保証はない。それぞれの生活があるからそれはどうしようもない。

神様との違いは、しかしこのような願望や期待に親戚がまったく応えてくれなくもないことにあり、さらに大事なのは、知恵はいくらでも貸してくれるだろうことにある。それぞれの人生経験を通して培った知見や知識の持ち主を頼らない手はない。しかもまったくの赤の他人ではない、血筋で結ばれているという気安さがある。そのような意味で、精神的な支えになっていることには間違いない。

ただ、このような親戚づきあいであるためには相応の交流があってのことだ。顔を合わせたことも音信もないままでは他人にほかならないし、にわかに親戚だといわれても警戒されるか、煙たがられるだけだろう。ひごろからの適宜な交わりは欠かせない。遠くの親戚であっても今日では携帯電話、スマートフォンなど便利な通信機器を介して即座に連絡がとれ、必要があればマイカーで容易に行き来することができる。1960年代とは親戚やご近所との距離感が一変している。ご近所とは心理的に遠くなる一方、親戚とは物理的距離の隔たりが解消され、いまや遠くの親戚の方が精神的にも頼りにされておかしくない時代に移行している。

有為転変。なにごとにつけ、あるひとつの状況が長くは続かない、変化のサイクルが短くなっている現代社会の目まぐるしさを示すものでもあるだろう。

資産をどう蓄えるか

若いころは自身の老後のことを考えることがあまりない。しかし、少子高齢化の進行で2065年に3人にひとりが65歳以上の高齢者となる将来予測にたてば、若い人たちも老後対策を講じておくことは現実的な課題、要請となっている。もちろん、政治や行政の責任もあるが、自衛することがなによりだ。平成18年に発覚した年金記録の喪失問題。これは国民の年金行政を所管する社会保険庁（当時）という役所内で、それまで誰も気づかなかった記録の漏れがあることを国会で追及されたことに端を発する。年金記録データ管理のズサンさが明らかとなり、世の指弾をあびた。いわゆる「消えた年金記録」で、大きな社会問題となり、麻生太郎内閣は政権を野党である民主党に明け渡すきっかけとなった。

このようなこともあるので、少なくとも経済的に青写真を描いておかないと、裏切りにあわないとも限らない。すでに年金受給者となっている高齢者も、政府が「全世代型社会保障」に舵を切ったことを受け入れなければならない。そうしないと日本列島で子々孫々まで日本人が生存し続ける担保を提供できないし、したがって生活保障も受けられなくなる。自分の代だけでよい、といった現実・利己主義的な考えは捨て未来志向のうえで、この危機感を全世代で共有し、乗り越えていかなければならない。

若い人に対しては老後に、食べるのもやっとという終戦直後のみじめさを味わってほしくないし、ぜいたくではない、ゆとりある生活を実現してもらいたく、それができない社会というのは、政治のありようを含めて仕組みが間違っている。たとえば貧富の格差があれば、その是正を図るのが健全な社会であり、仕組みというものだ。それができないのであれば、人間社会の自由、平等、博愛の理念は雲散霧消するほかない。欲の塊と化した人間とそれを是とする社会は有害無益でしかない。注視しなければならないのは、経済格差——貧困と所得差の拡大——が連綿と続いていることだ。

ではどのように生活防衛を確保したらよいのか、すなわちどのくらいの生活資金があればよいかということである。その情報はネットで検索すれば得られるし、新聞、テレビでも知ることができる。基本は、退職金（支給は必ずしも雇用主の義務でない）と公的年金をあわせた収入とそれに見合った支出で暮らしていかなければならないわけで、さらに収入を得ようとするなら、再就職して70歳くらいまで仕事を続けるか、あるいは現役時代の早いうちから生命保険会社の個人年金などに加入し積み立てておくほかない。そのためにも「家計簿」をつけてほしい。どんぶり勘定ではその日暮らしの快にのまれて浪費し、貯蓄に回せるお金が残らない。パソコンの表計算ソフトを使えばだれでも簡単に自分なりの家計簿をつくることができる。

生命保険に加入しているならライフステージ（結婚、子育て、退職）の節目ごとに内容を見直し、掛け金の増減を行いつつ、各ステージに見合った保障内容なのかを検討し見直し続けることが肝要だ。とかく加入後は保険証書をみることがなく、ほったらかしにしてしまいがちだけれど、それでは「高いもの買いの銭失い」（安物買いの銭失い、がホント）を続けることになる。子どもが独立したあとは、自らの葬式代だけ残せばよいというところまで掛け金を減額する。子どもに財産を残すという考えは捨てた方がよい。子らは自らの算段で生きていけばよいのであって、〝子孫に美田を残さず〟の個人主義に徹することがキモだ。

とにかく、いくらかでも自己の老後資金を積み立てる工面をゆるがせにしてはいけないが、それにも限度がある。いくら積み足せばよいかという課題だ。お金はいくらあってもよいというのは賢い考えでない。第一それほどむやみに資産を作れるはずがない。はっきりいうと己の寿命を何歳くらいまでと設定することによって最終の資産額を見積もりできる。預けたお金に利息がほとんどつかない昨今では「投資（資産運用）」して、より高いリターンを得ることを考える。１００万円を定期預金で預けても金利０・０１％では年１００円の利息でしかない。退職金の一部を貯蓄型の各種保険（個人年金保険など）や外貨預金に預けるのも悪くない。が、高いリターンには相応のリスク（損する可能性）があることを自覚しなければならない。たとえば外貨預金では金利の高い外国に日本円を当該通貨に換金して預金することで、日本では得られない利息を得て元金ともども高く受け取れる仕組みだが、高い利息が加わったとしても外国通貨を日本円に換金する際に為替レートが壁となる。これがリスクである。１００万円を、たとえば為替レート１００円／ドル相場でアメリカの外貨で預金すると、１００万円は1万ドルでアメリカの銀行に預金することになる。そして預金を解約するときの為替レートが80円／ドルと円高になっていたらどうなるか。元本１００万円＝1万ドル×80円＝80万円。これが日本円で受け取れる金額。つまり為替レートの変動次第で預けた金額１００万円から20万円が消え、損失を蒙ってしまう。退職後はこの損失を補てんできるボーナスのような臨時収入がないのだから、よくよくリスクを見定めないといけない。

一方、若いうちからでも余剰金があればすかさず積立預金や定期預金また民間の貯蓄型金融商品を賢く選択するべきだ。ひるがえって個人も会社経営的な感覚を導入したらどうだろう。家計簿をつけるにしても収入と支出を記録するだけでは無意味で、収入との差額つまり年間の収支決算をつけることがなければ、いくらの金額を貯蓄にまわせるかの判断ができない。さらにバランスシート（貸借対照表）を作成し複眼で眺めることで我が家の家計を経営者感覚で知りうる。現役時代に加入した個人年金が収入に加わったらそれもとりあえず貯蓄にまわせばよい。余裕があれば投資にまわす。

投資する場合の留意点として投資する額はその時点での現金資産の3分の1を超えないことが鉄則。欲を出していきなり株やＦＸだの高リターンの金融商品に手を出すとそこはプロの世界で素人が損をするのは常識となっているから控えた方がよい。また金融商品を金融機関に勧められるままに購入するのもご法度。事前に勉強して自らの意思で取り組まないと火傷するからこの点も十分留意しておきたい。

映画『男はつらいよ〜フーテンの寅』と私

映画『男はつらいよ』が最初に封切られた昭和44年は高校三年生だった。当時は映画広告の絵看板が道路の辻に立てかけられていて、登下校の折に見かけていたが映画には無関心だった。テレビの方が身近で面白かった。小中学校のころ文部省推薦以外の映画は観てはならない、観せてはいけないとされた時代だった。映画を学校教育の一環として観たのは小学生のとき。クラス単位で教師引率のもと遠足みたいに列を組んで市内の映画館でアメリカのディズニー映画『白雪姫』や邦画のアニメ『白蛇伝』とかを観たくらいで、それ以外は観た記憶がない。『男はつらいよ』を観るようになったのは社会人になってからだが、渥美清を知ったのはＮＨＫの初期のテレビ番組『夢であいましょう』『若い季節』などを観ていたからで、面白いうえに親しみやすい風貌から好きになったコメディアン（俳優）だった。また父母と生年がおなじということもあってなおのこと親近感があった。『男はつらいよ』で国民的な人気を博するようになってから渥美清は寅次郎役のイメージをこわしたくないと考えるようになったらしく、異なる役柄でのオファーには応じなくなった。それは「寅」ファンの期待に報い続けることを自らに課したからだと映画評論家が語ったことがある。また別な証言では、渥美はコメディアンとしての出発が舞台であったし、晩年の体調不良からでもあろう、「役者には『好きなもの』と、『向いているもの』がある。俺は浅草の劇場出身だから、本当は、いまお前（証言者）がやっているような舞台の芝居が大好きなんだ。でも、俺は肺が片方しかない。だから、一番向いているのは映画なんだよ」と語ったという。証言した舞台俳優の石井愃一氏は「台本をもらって数日で本番というものより、1カ月近くじっくり稽古をして役柄を身体に染み込ませる舞台のほうがしっくりくる。きっと、渥美さんも舞台の芝居にしかない魅力を痛いほど感じていた。それでも、自分の身体の状態を考えたら、体調に合わせてスケジュールを組んでくれる映画のほうが『向いている』と、生涯『寅さん』を貫いた」と自らの俳優人生と重ね合わせながら述懐している。ちなみに氏は渥美の付き人を4年間務めた経歴をもち、ＮＨＫのクイズ番組『クイズ面白ゼミナール』にレギュラー出演していた人でもある。

とはいえ、私にはその渥美の決意が残念だった。渥美清はシリアスな演技も十分にこなせる俳優と感じていたし、それをもっと堪能したかったから。覚えているのは民放で制作されたドラマに板画家棟方志功役で主演した作品。相手役の妻に確か十朱幸代だったか、そうでなかったか……。度のきつい、牛乳瓶の底のような黒縁の丸メガネをかけた容貌がどちらかといえばコメディっぽく演出されていたけど、描かれた棟方の半生はシリアスに描写されていた。またＮＨＫでも、明治生まれの女優毛利菊枝が老いた母親役で、渥美がその息子役を演じるドラマがあった。これは本当にシリアスな内容だった。ストーリーは思い出せないが世相をシビアに切り取った味のある作品だったという印象が残っている。これらをみて渥美清をもっと好きになった。そういう思いもあって彼が死去したときはかなりショックだった。

長寿番組の『徹子の部屋』に妹さくら役の倍賞千恵子と一緒に数回出演したことがあるし、週刊誌でも撮影の合間にスタッフと和気あいあいで談笑している写真がよく掲載されたものだ。渥美はユーモアを交えた話が上手で監督の山田洋次も笑いだしてしまうことが再三だったと監督みずから語っている。また彼はアフリカがとても気に入っていた。それは羽仁進監督の主演作『ブワナ・トシの歌』の撮影がアフリカで行われて以来のことで、私の学生時代にそのときの見聞をラジオで語っているのを聞いたことがある。アフリカの大地や風俗、暮らしぶりを表現する語り口は、情景描写に巧みだから聞き手の想像力を軽々と持ち上げて、実際にそこで見ているような気持ちにさせられた。たとえば——アフリカの人が家をつくるとき、野生動物のフンを手でこねあげて、ぴちゃぴちゃと積み上げていくんだよね、と話した声が今も耳によみがえる。

『男はつらいよ』最終作の数作前から彼独特の艶があって張りのある声がかすれてい

ることに気づいていたし、演ずる動作にも往年のキレがなく億劫そうだとも感じていた。まさか肝臓と肺がガンに侵されていたとは。

平成の今でもテレビで映画『男はつらいよ』がたびたび放映されているのは、定番のストーリーながら、妹さくらとの交情、旅先での出会いと別れ、寅がひとり歩きする田舎の風景の美しさと、日本酒の吟醸香のようにかもしだされる旅情が、観る人の心をひきつけるからだろう。

男と女の印象

女性が美しくみえるのは「夜目、遠目、笠の内」だそうで、いずれも顔がみえないことがミソらしい。これをもじって男性が美しく(?)みえるのは「昼目、近目、傘の外」となろうか。女性は隠れ、男性は露出する。女性の場合は顔だけでなく容姿全体が男の印象を決定づけるように感じる。それに引き換え男の、首から下の肢体に関して女性の目はさほど関心を示さないように思う。女性の肉体が醸す美は曲線の美しさだろう。画家が裸婦をモチーフにする動機がそこらへんにある気がする。女性の肉体の美を弦楽器の形になぞらえていわれることがある。バイオリンとかビオラとか。そこに弦を当ててきれいな音色を引き出すのは男次第、と男女関係の機微に譬えられることもある。キュッと引き締まったウエスト、乳房やお尻の盛り上がりのカタチは曲線の美しさで、それこそ創造主の造形のなせる業だと思う。と綴ってきて、いきなり昔の記憶がよみがえった。20代の頃に路線バスにたまたま乗り合わせた同世代の女性のことだ。互いに吊り輪につかまって突っ立っていた。女性はスラックス姿だったのだが、タイトな仕立ての生地に下半身がむっちりと包みこまれていた。

なにげなくお尻あたりに視線を向けたらバスの振動に共鳴したようにお尻が搗き立ての餅のように上下にプルンプルン揺れていた。お尻のその部位だけ別の生き物が躍動し、息づいているようにみえて新鮮な驚きだった。以来お尻フェチになったようである。脱線するが男による痴漢行為の被害部位が臀部ということが、周囲の視線の届かない状況下にあるとしても男として痛いほどわかる。

興が乗ったので続けると、歩くと自分のヒップがどう動いているかを知ることはまずないだろう。モンローウォーキング（米女優・マリリン・モンロー〈1926－1962〉の扇情的な腰のふりかたが話題をよんだ）のように腰が左右に振れるのだ。男にはとてもコケティッシュで欲情に駆られたりするのはこのときだ。女性が大きな姿見に全身を映してみたとしてもそれは正面像であってかつ静止画像だ。後ろ姿をみることは衣装選び以外ほとんどないだろうし、まして歩行動作で腰の動きがどうなっているかは動画で確認するほかない。

女性に対し男目線でいうならば後ろ姿がいかにも魅惑的である一方、いかに無防備であるかについて注意を喚起するとともに、男性に対しては女性とほどよい距離感で接することが肝要であり、いわゆる「君子危うきに近寄らず」を徹底してほしく思う。痴漢などの不名誉な嫌疑をかけられないためにも。

女性の仕草で男を虜にする姿態（昆虫でいえば擬態）について多田道太郎が著書で触れている。しゃがむ姿勢だという。しゃがむ姿はトイレの中でのことは別にしても不格好な姿勢であるらしく……と前置きは省いて結論を急ぐ。芝居で最愛の人を亡くし悲しみに打ちひしがれた喪服姿の未亡人が舞台に登場するとしよう。喪服は和服でなければならない、ミニスカートなんかでは興ざめだという多田の文章を転記する。「昔ふうに着物をきこなした女性が裾をきちんとそろえてしゃがむ。川端の柳の根元にうずくまり、男に向かって『もういいの。黙って行って』というかもしれぬ。野原でならあたりの野菊を無心に摘むかもしれぬ。そういうとき、昔ふうの男性は女の美しさ、可憐さを感じてしまう。この姿勢は、正面から男を見据えるのではない。斜めに向くか、くるりと後ろを見せるか、そういう姿勢である。相手の視線を避けて姿勢を低くする。これは弱き者の、弱い者なりの安定した姿勢である。この姿勢を、弱い者の屈服の姿勢と受け取ってはならない。これは、一筋なわではゆかぬ、したたかな姿勢でもある」（『しぐさの日本文化』筑摩書房）

ベトナム戦争に従軍した米軍兵士の目にベトナム人のペタンとしゃがみこむ姿が「うんこスタイル」で未開のふとどきかつ抵抗姿勢と映ったとしても不思議でないかもしれない。文化習慣の違いを教えられずパワフルな戦闘力として送り込まれてしまっては理解しろと言う方に無理がある。その延長にソンミ村の虐殺が起こったといえなくもないし、最前線で命のやり取りを繰り返すうちに正常心を狂わすのが戦争の実態である。ナチス・ドイツのホロコーストの例を持ち出すまでもなく、戦争は人間のもともと持っている邪悪さを引きずり出す怖さを秘めている。

服装のことで以前から不思議に感じていることがある。文化を共有するそれぞれの民族に共通してみられることに男女で身にまとう衣装が異なること。西洋ではズボンとスカート、日本では袴と小袖着。性差によって身にまとう服飾の違いが生まれたのはなぜなのかと考えてしまう。考え始めるとそれなりに結論（みたいなもの）に達しないと落ち着かない性分なのでウソでもマコトでも、とりあえずの結論を得るべく話をすすめる。衣服の違いの効果として実感するのは、スカートまた和服姿の女性に「らしさ」を感じることであり、――ここで思い出した。小学生の頃女の子のスカートめくりをした。めくられそうになった女児（といっても同級生なのだが）がキャッキャッと逃げ惑うのが面白くてさらに追いかけたこと。子羊を追う狼少年のようだったかも――その「らしさ」が男女の生物学的なミッションである子孫を残すことにつながるとすれば、生殖行為に誘引するための導火線の役割を服飾の違いが担っているのではないかと。

人間はいつでも発情し性交できるが、それ以外の生き物は年に一度あるいは一生に一度きりの一期一会だ。繁殖期の魚類の体表に婚姻色という雌雄差を象徴する模様が現れることがある。人間の服装の違いと同じようなものかと調べてみたが、婚姻色の多くが魚類においてはオスに出現するということがわかっただけで、あとは思考停止になってしまった。女性がミニスカートを身につけるのは男の気を引くためでなく、そのほうが動きやすいからだといわれたことがある。となると男女の服装の違いに関して簡単には黒白がつけられない。この件からは撤退するのが無難なようだ。

容姿以外のことで付け加えるなら、女性は自らを語るに忙しいように見受けられ、またコールセンターという部署があって電話すると女性の澄まし声が、こみいったはなしになると地声になるのも可笑しい。

好きな女優は吉永小百合。タモリが絶賛してやまないように私も凛とした品性をたもちながら庶民的な雰囲気が好ましくてならない。そして倍賞千恵子。映画『男はつらいよ』の第一作で妹さくらがお見合いをする場に寅が同席する。そこでさくらの名

「櫻」を解き明かして言うには「二階（貝）の女が気（木）にかかる」と。上手いことを言うなあ。以来、倍賞千恵子を妹さくらからはずれてみることがむずかしくなった。故人では原節子、高峰秀子。高峰秀子は晩年、全国を講演して歩き私の地元にも来訪され講演を聴いた。名画『二十四の瞳』の女先生役で知られている。その舞台となった小豆島に残る分校を見て回ったことがある。教室内の机も椅子もみな木製で小ぶりな作りだった。大人がすわるとお尻の半分ははみ出しそうなサイズだった。原節子は小津安二郎監督作品に多く出演している。奥ゆかしくて聡明な女性像としての印象が深い。もし彼女たちが姉であったり叔母であったらと夢想すると楽しい。女性に甘えたい気持ちが男にはあるので、このような優しく美しい姉や叔母に囲まれて育ったら、男は……あとは知らない。

男優では渥美清と鶴田浩二。鶴田浩二が戦時中、特攻隊に所属していたことを知る人はもはや稀少種だろうが、なにかの折に当時の写真をみたとき、戦闘機の操縦席から身を乗り出して写っている姿は、映画のロケ中のワンショットのようにバシッと決まっていた。戦後俳優として任侠映画などで活躍したが、印象深いのはＮＨＫの『男たちの旅路』（昭和51年）だ。警備会社を舞台に戦中派の上司（鶴田浩二、ドラマでも特攻隊出身という設定）と戦後派の若い部下（水谷豊、桃井かおりなど）たちとの世代間に横たわる葛藤と人間模様を描いた社会派ドラマだ。上司役の鶴田浩二のシブさにしびれっぱなしだった。高倉健も亡くなってから作品を観るようになった。寡黙で一途な男の生きざまを演じて魅せる、いぶし銀の光沢感があった。渥美清もコメディアン出身という違いがあるだけで、３人ともに硬質な昭和の男の雰囲気を醸しだしていたように思う。彼らがもし叔父だったりしたら近寄りがたい反面、頼りがいのある存在になっていたかも。

戦争を語ろう

第二次世界大戦を日本では太平洋戦争という。戦争は国家同士の無益な争いだが、戦いの実相は殺りくが大っぴらに正当化されることである。殺さないと殺される。国民を兵隊として戦地に送り込む。そういうふうに仕向けるのが時の政権担当者であり、そのような愚劣なことに私たちは翻弄されたくない。敵味方で命のやり取りを最前線で強いられるが、もともと兵士たちには殺し合う必然はない。国家が命じるからであるが、その国家の判断が誤っていたならどうか。兵士とされた国民は無駄に傷つき死ぬほかない。戦争がエスカレートすると国力を総動員しての総力戦となるが、その一方、うまく立ち回って漁夫の利を得る勢力があるという現実を見据えなければならない。塗炭の苦しみに足掻いているにもかかわらず火事場泥棒のような輩が確実に存在した。戦争当事国のどちらかが正義で、他方が不正義という捉え方は的を射ていない。どっちにしろやらないほうがいいに決まっている。

殺人が正当化される戦争は、大小の悪が磁石に導かれる鉄粉のように寄り集まって、最悪の災いをなす。大体において人間は、野放図にしておくとなにをしでかすかわからない、人類誕生のときから野生本能である獣性を宿している。「攻撃性」といってもよい。戦争はそのパンドラの箱を開けて、獣性をおおっぴらに解き放す愚行に他ならない。戦争は個人レベルの悪行にとどまらず、国家まで狂気の沙汰をなすにいたる。ありとあらゆる悪が渦を巻いて地獄の業火で焼き尽くしてしまう。無意味な殺戮、集団虐殺、婦女暴行、憎悪の連鎖。だから戦争はあってはならない、というだけでは不足だろうか。だったらいう、**兵士として戦わされるのはわたしたち国民だということを忘れてはならない**。

ヒトラー政権下のユダヤ人虐殺、日本軍による捕虜虐待死・人体実験、アメリカによる日本国内への無差別爆撃・原爆投下、それ以外にも知られていない暴虐があるだろうと推測する。

第二次世界大戦後、それまでの国際連盟にかわり、国際平和と諸国間の協調を標榜する国際連合が設立された。しかしその実態は第二次世界大戦の戦勝国に対して、拒否権行使の優遇措置を与えているため、国連決議の採択が往々にして流産してしまう。戦後七十数年経過しているにもかかわらず、その不平等な体制を引きずったままだ。特定国の意向が優先される国連に多くを期待できない。体制を考え直す時期にきている。

太平洋戦争は、日本が１９４１（昭和16）年に、アメリカ・イギリス・中国・オランダの連合国側とアジア・太平洋域で戦端を開いた戦争である。すでに日本はそれ以前、１９２８（昭和３）年から中国大陸に進出していた日本軍（関東軍）が中国と軍事的な紛争を繰り返したあげく、１９３７（昭和12）年についに日中戦争を勃発させてしまった。その戦争がほぼ10年もの長期間に及んで泥沼化しつつあったにもかかわらず、新たに欧米と戦火を交える選択をした。なぜ国力に劣る日本が、中国大陸と欧米3カ国を相手とする東南アジア・太平洋での二方面にわたる広範囲な戦争という勝算のない無謀な選択をしてしまったのか。当時の日本の人口が過剰で、需要に国内生産が追いつけなかったこと、日露戦争で得た満州権益を拡充し、資源を満州に求める発想があったとしても、「満州には大豆、石炭のほか見るべき産業がなく」（『決定版日中戦争』波多野澄雄ら　新潮新書　178頁）経済的価値は低いものだった。当時の国政担当者が冷静で客観的な判断に欠けたことは間違いない。

その経緯を私なりに日清戦争から太平洋戦争開戦までを概観すると次のようになる。

東アジアにおける近代日本関係史

1894（M27）日清戦争勃発

1895（M28）日清戦争終結……戦後日本は欧米諸国と対等の国家となる

「日清講和条約」の締結により朝鮮（李氏朝鮮）が清国から独立

台湾が日本に割譲

1900（M33）義和団の乱発生……日本は8カ国連合軍の一員として鎮圧のため進出した日本軍は以後も北京に**支那駐屯軍**を常駐（居留民保護名目）

1905（M38）日露戦争終結……朝鮮半島の権益取得（保護国化）樺太南半分をロシアから割譲される　中国遼東半島の租借権、旅順―長春間の鉄道支配権（南満州鉄道）を得る

※保護国：他の国家との条約に基づき、その主権の一部を代行させることによって、その国から保護を受ける国

1906（M39）韓国に韓国統監府設置（初代統監伊藤博文）南満州鉄道の管理運営を柱とする満州経営権益を守るため鉄道守備隊を創設（後に関東軍）

1910（M43）日韓併合[iii]

１９１１（M44）中華民国成立（清国滅亡）蔣介石
１９１４（T３）－１９１８　第一次世界大戦
欧州の三国同盟側（ドイツ、オーストリア、イタリアなど）と三国協商側（イギリス、フランスなど）との戦争　※日英同盟を理由に日本が参戦し、敗戦したドイツ領の青島と南洋諸島を占領
１９１５（T４）日本が対支21カ条要求
１９１７（T６）ロシア革命＝帝政崩壊・ソ連邦成立
１９２０（T９）国際連盟発足　日本は常任理事国の一員
１９２８（S３）張作霖爆殺事件　石原莞爾関東軍作戦参謀関与（東條英機と対立、のち予備役編入）
１９２９（S４）ロシアが満州侵攻　　※世界恐慌の前兆現わる
１９３１（S６）柳条湖事件　南満州鉄道爆破（関東軍の謀略）↓満州事変（〜１９３３停戦）に拡大（５カ月で満州全土を占領）↓１９３２

1932（S7）リットン調査団（国際連盟派遣）

満州国成立……関東軍の専横（軍中央の統制機能不全）5・15事件

1933（S8）国際連盟脱退↓連盟やアメリカとの対立深刻化

満州事変での連勝↓国民世論の沸騰＝満州国は日本のもの、日本の生命線との意識強まる　新聞報道の扇動（複眼的、多角的な報道がなされず）

1936（S11）2・26事件

1937（S12）日中戦争勃発（日華〈支那〉事変ともいう）

同年の盧溝橋事件（日中間の武力衝突）を発端にした日中間の全面戦争

※4年後の1941（S16）年に日中両国が宣戦布告する前まで日本では「事変」と称した

※南京大虐殺？

1938（S13）日本軍漢口攻略　**アメリカ、対日武器輸出制限発動**

1939（S14）ノモンハン事件　関東軍独断専行　辻政信参謀重大関与（戦後国会議員）

欧州で第二次世界大戦勃発（フランス、ドイツに降伏）

1940（S15）日独伊三国同盟締結↓仏領インドシナ北部進駐　**アメリカ、日米通商航海条約破棄（石油・屑鉄の禁輸）**

1941（S16）太平洋戦争開戦

iii　ロシアの南下で朝鮮が保護国化されるのを恐れた日本が、自国防衛上、統治能力を失いつつあった大韓帝国（旧李氏朝鮮）と締結した「韓国併合に関する条約」により朝鮮半島を領有することとなった。

太平洋戦争は、アメリカから仕掛けられ、日本は誘い水に乗ってやむをえず先制攻撃（真珠湾攻撃）に踏み切ったと論ずる人がいる。「（日本の）戦争の動機が、重要戦略物資である石油を止められたので、それまでの支配地域（南樺太、中国東北部、朝鮮半島、台湾、トラック諸島）を失わないよう、石油の獲得にでたというもの（略）、アメリカが日本に対する石油と戦略物資の禁輸を行わなかったら（略）日本はアジア諸国に進出する必要はなかった」（『こうして歴史問題は捏造される』有馬哲夫　新潮新書　181頁）。そして「日中戦争も日米戦争も、中国やアメリカが本当に戦争を回避しようとすれば、避けられたことは事実です。とくに日米戦争に関しては、開戦責任の半分はアメリカ側にあるとすらいえます」（同書216－217頁）と解釈する。あくまで解釈に過ぎず世に容認されたものでない。要は、日本は売られた喧嘩を買った、ということを言いたいようだが、責任転嫁にすぎる論調だろう。というのも「開戦責任の半分」を負うべき側の日本については、「日本側は戦争するなら先制攻撃でなければなりませんでした。それが最大の防御策だったのです」（183頁）。その理由として「アメリカの方が、日本軍に脅威を与えるようなスピードと内容で軍備を増強していた」（184頁）ので「（日本はその事態を）先送りすれば圧倒的に不利になり、もはや戦争はできない」からだと指摘する。だが、本来ならここで、日本がいかに戦争を回避しようとしたのかについて言及があるべきなのに、ない。それどころか戦争を前提として日本を擁護し、正当化するだけの強弁を展開している。

戦後70年以上経過しても、太平洋戦争の歴史認識としての評価が定まっていない隙間部分に、自説を展開してみせたというだけのことだろうし、少なくとも私なりの認識とは異なっていて違和感を覚える。

同じ開戦前夜の状況を前掲の『決定版　日中戦争』では次のように記している。

「米国と戦って実際に勝てると思っていたものは、軍人の中にもほとんどいなかった。1938年（昭和13年）に企画院が行った我が国の戦争遂行能力の分析では、山本五十六海軍次官、山脇正隆陸軍次官をはじめ軍人を含む参加者全員が『我が国は英米との長期戦に耐えることはできない』との結論で一致し（略）米国側でも対日戦争を予想していたものは少なく、国務長官特別顧問（元極東部長）のホーンベックは『自暴自棄から戦争を始めた国など歴史上存在しない』と述べていた。それなのになぜ我が国は勝ち目がない自暴自棄の対英米戦争に突っ込んでいってしまったのであろうか。それは、欧州で（ヒトラー）ドイツが勝利目前だという誤った情勢判断、それと中国大陸に権益を持たない米国の本格的な参戦はあり得ないとの誤った観測の二つがあったからだとされている。対米交渉が行き詰まりを見せるようになった１９４１年（昭和16年）８月に日米戦日本必負の机上演習を行うが、報告を受けた陸軍省と参謀本部の合同会議の大勢は『相手を過大評価するのは臆病だ』というものだった」。そうして太平洋戦争に突入し、敗戦までの日本人戦没者は３１０万に上ったし、中国、東南アジア諸国民を合わせた犠牲者の総数はいまも詳らかでない。

私もこの戦争の時代を戦記類や書籍・映像・報道で学び、かつ戦後生まれの世代としても主観が勝っている有馬に与することはできない。戦争は高度に合理的に遂行しなければならないのに、不都合な情報はもみ消し、敵を見下し劣弱な武力を精神力で補おうとした、くだらなさが際立つ。戦争遂行責任者の東條英機は敗戦直後、自決を図ったが未遂に終わり極東裁判で絞首刑になった。気違いじみた戦争犯罪人が編み出したのが、国民を死に導かせるしかない、殺人兵器だった。それが特攻機であり、人間魚雷「回天」、水上特攻ボート「震洋」(船体はベニヤ板)、さらに海底に潜って敵船腹を棒の先につけた爆薬で突き破るという言語道断のやぶれかぶれの戦法を編みだしたが、特攻機攻撃の初回こそ成果があったものの、そののちはいずれも戦果はなかった。兵士(国民)を死地に赴かせ無駄死にさせた責任者は万死に値する。戦争最終盤の時期に兵士として送り込まれたのは、まだ十代の少年たちだった。もし私が当時に生まれていれば、少年特有のヒロイズムに駆られたかもしれないが、実際の経験者の証言では軍隊内でいじめられた。そこでも弱い者いじめ。必敗の戦局が現実のものとなりつつあって、大人たち(軍中央の高級軍人ら)がやけくそになった断末魔のあがきとしかみてとれない。

司馬遼太郎は戦時中に学徒動員で短期軍事教育の後に少尉で中国戦線に戦車隊員として送り込まれた。実体験をふまえて軍上層部の戦争遂行能力の前近代性と不合理さを怒りをこめて糾弾している。合理的な思考ができなかったから、兵隊は明治に製造された単発式の歩兵銃（米軍は自動小銃）をもたされ、戦車も攻撃力と防御力に欠けたオモチャで戦わされた無念を綴っている。戦争は国家同士の総力戦に発展しかねないから、そうならないためにも現代戦は、きわめて合理的にはじめと終わりを想定して局地限定戦でしか、終息は迎えられない。

私はいち市井人にすぎないが、有馬は大学教授だという。「教授」が僻見をまことしやかに流布させる行為に怒りしかおぼえない。

日本人には「専門家」の肩書をありがたがる性向がある。自称評論家もメディアにあふれかえっている。それらが絶え間なく情報を発信し続けている。言論の自由でそれを阻止はできないから、受け手である私たちが真贋をみきわめなければならない。

蛇足ついでにさらに言っておかなければならないことがある。小説家の百田尚樹氏が歴史は年表の羅列だけでなくストーリー（物語）があってよいと主張していることに共感を覚えつつも、不安も覚える。確かに編年体の記述というのは無味乾燥だが、だからといって歴史書である以上、ストーリーが作り話であってはならないと、百田氏があらかじめことわっているとおりなのだが、主観が入り込まない保証をどのように担保するのかという危惧だ。それを注意深く排除して記述されるのであれば杞憂に過ぎなくなるのだが。

それにしてもなぜ世界各地で紛争が絶えないのだろうか。宗教、民族、主義主張の違いでいとも簡単に軍事力に訴えようとする。軍備を整えるからつい使ってしまいたくなるのだ。軍事の打撃力を好戦家自身の脳みそに打ち込んでみたらどうか。そのときはもう取り返しがつかなくなっている。

蛇足の話

◇蛇足の話1　思いつくままに

「人間＝ヒト（標準和名）」も分類学上「動物界」における**ホモ・サピエンス**（学名：ラテン語で「賢い人間」）という一種類にすぎない。したがって野生生物としての本能から免れえないものを内蔵した生物である。たとえば攻撃性。人が戦争を起こしそして兵士以外の民間人を虐殺したり、平時でも殺人を犯したりするのもそれに起因している。これはどうしようもない事実で、性善説とか性悪説とかで括りようのない現実だ。そのいずれをも清濁併せ呑む態度でさらに考えを展開するほか、救いの方途は見いだせないだろう。

戦争ということでいえば国内戦で明治維新の前に戊辰の戦いがあった。幕府側の敗退に終わり「勝てば官軍、負ければ賊軍」という俚諺がうまれた。東北の諸藩は政府軍に反抗したため、明治政府から賊軍とされ、もっとも過酷な運命を担わされたのが会津藩だった。極寒の青森県北部に強制移住させられ、飢えと寒さを乗り越えられず亡くなった藩士やその家族が多くいた。敗者は語ることをゆるされず歴史の闇に隠され、勝者の都合よく記録される。歴史の裏面というべきだ。このことは梅原猛が『隠された十字架』（新潮社）で論究している。

同じ昭和生まれでもヒト桁とフタ桁の世代の違いは、駅弁の食べ方でわかるといわれた。駅弁を開いたとき蓋裏についた飯粒からつまむのがヒト桁、気に留めないのがフタ桁。言われてみればそのとおりだった。ヒト桁世代は戦中戦後を生きてきたから、敗戦後の食糧難を実体験している。弁当の蓋の裏についた飯の一粒もおろそかにできない。これは美徳だと思う。食品ロスがとりざたされる昨今であれば、なおのことだ。

◇蛇足の話2　東京都の税収と地方

東京都の税収の一部を国が回収し地方に再配分する措置を決めた。これに小池都知事が「地方自治の破壊だ」と反発した。地方に身を置く者としては、この小池都知事に逆に反発がある。いまの東京の繁栄は地方出身者の労働と居住が基となっていることは誰しも認めるところだろう。東京都は普通交付税の不交付団体だ。それだけ自主財源に恵まれているということだ。1960年頃、主に東北地方から若者が集団就職し、その活力が今を築いたといって過言でないが、ところがいまや地方は存亡の岐路に立たされている。この時に臨んで東京都は地方へ還流することがあって当然だ。地方との共存を目指すならその程度のことは許容されてしかるべきだ。都市圏への電力供給元が地方にあるのはどうしてか。特に原発だ。東日本大震災で東電の福島に設置された原発が放射能を漏らして福島県民は悲惨な状況に陥った。一家離散さえ発生しそれは今も続いている。「電源立地地域対策交付金」で潤ったとか言うが、だったら原発を君たちの近くに置いたらどうか。交付金は、電気の生産地にも消費地が享受する恩恵の一部を還元する目的で市町村に交付され、電気生産地の医療・介護の充実、教育の向上、地元産品の開発・普及などに使われるものだ。いわば迷惑料だ。地方の協力なしには首都圏の繁栄がなりたたないことに改めて思いを巡らすべきだ。一方、ちかごろの報道で、児童相談所の建設問題で港区・青山地区の住民が反対する理由として居住地のブランド価値が下がることを嫌ってのことという。開いた口が塞がらない。身勝手で木を見て森を見ずの近視眼の愚者の群れとしか思えない。日本全国が広く長く存続できる仕組みと意識の転換が迫られる。

◇蛇足の話3　なぜ特殊詐欺にだまされるのか

オレオレとかの詐欺行為の総称が「特殊詐欺」と統一されたようだ。離れて暮らしていようが自分の子供の声がわからないということが、わからない。実際の経験がないからだろうが「なぜ、どうして」の思いが渦をまく。騙される前に一度立ち止まって、実在の息子、娘に電話なりして確認する行為に及ばないのかと他人事ながら切歯扼腕する。犯人の手口が巧妙になっているとされるが、引っかかる方も悪くてその結果犯罪人を増長させ、成功体験に味をしめてさらに犯罪を重ねるという構図を思い描くと、酷ないいかたになるが、被害者も犯罪行為に加担しているようなものだといいたくなる。それを防ぐには自身の思考力、判断力、疑う力（危機管理能力）を高めるほかないのである。自己防衛。ものごとの真否を見極めて取捨選択を誤らないように神経を研ぎ澄ませていることが欠かせない。といいながら私もアポ電にだまされたことがある。携帯に着信があったので受けたら、「ＮＨＫ山形放送局の者でいま世帯構成のアンケートを行っている、答えていただけますか」と丁寧な口調で告げられ、ハイ何人ですと答えた途端電話が切れた。通信障害で切れたのだろう、もう一度かかってくるだろうと待っていたが、それっきり。その日の夕方、ＮＨＫラジオを聴いていたら、そういうアンケートは実施しておらず不審な電話だと注意喚起していた。そこで初めてアポ電だと気づいた。注意していたつもりでもひっかかってしまった。理由のひとつにＮＨＫという名を出されたこと、その二としてアンケート調査という実際にありうることを言い出されたこと。結果、見抜けなかった悔しさは忘れられない。一旦電話を切って直接ＮＨＫに問い合わすべきだったが、そもそも不審と思えなかったことへの反省から、今後はこの種の電話には「ほんとうかどうか確認させてもらう」と切り返すことにしよう。

という経験をしてから、先ごろ妙なハガキが届いた。私が契約不履行で訴えられており、訴訟を取り下げたければ連絡をくれるようにとの内容だった。連絡先の電話番号が記されている。これは噂に聞いた不安をあおって騙す詐欺だとピンときたので、一応確認のためネットでハガキに記載された住所を検索したら住所の該当なし。改めて文面を読み返すと、訴えた原告が誰とも書かれていない。怪しい。さらにネットに「詐欺ハガキ」で検索したら「国民生活センター」のサイトにヒットした。そこに現物の詐欺ハガキが掲載されていて、それと同じ趣旨の文面だったので詐欺と確信した。

被害防止のため市役所に報告したら、翌日には警察から注意喚起のメールが配信されてきた。ハガキは勝利？の戦利品として保管している。

私はネットで調べ詐欺とわかったが、そうでない場合でも怪しいと感じたら、友人知人や市区町村の相談窓口に警察などの相談窓口に電話するのがよく、慌ててひとりで行動しないことだ。電話による詐欺被害を防止する方法として、警察が受話器の留守番機能を活用することを勧めていた。

◇蛇足の話4　東京に西荻窪がある

東京都杉並区に西荻窪がある。関東大震災で焼け出された人々が移り住んで出来た街で、最近静かな注目を得つつあるという。26カ所ある商店街には、新規出店する人が外国人を含め多くいて個性的な街並みを形成し、雰囲気が「大人の街」といわれるそうだが、これは「災い転じて福となす」例。

遺憾な話

◇遺憾な話1　外交辞令とあいまいな表現

ある人が亡くなり弔辞に「死が信じられない」とか「死んで残念でならない」、また政治向きでは閣僚が「遺憾」という表現を多用することに違和をおぼえる。人の死を悼むときに慣用される冒頭の表現は、外交辞令のようなものだと思えば、目くじらを立てることでないが、別な言い回しができないものかと思ってしまう。死を悼むのであれば「死んで悲しい」といえば済む。残念というからには「(生存していればもっと) 何かをなしとげてくれたろう」とかの願望をこめてのことだろうが、はたしてどうだろう。生前の功績や経歴をたたえるのはよいが、「存命していれば (いいことをしたかもしれない)」との感想は意味がない。生きていればの「もしも」は、クレオパトラの鼻が長かったらの「もしも」同様、架空の物語をつむぐことであり、たとえば亡き子を偲ぶ親の心のよすがとしては意味があるだろうが、弔辞においては無意味だと考えてしまう。もっと自分らしい言葉で表現してみてもよいのでは。

政治家の好む「遺憾」、「粛々と」にしてもそうだ。語意は前者が「残念」な気持ちの表明、後者は「おごそかに」という情景描写だ。「遺憾である」で句点が打たれてしまえば、どう行動するのかの意思表示がないから、聞く者には欲求不満を募らせることになる。「粛々と」に至っては自身の行為を「おごそかに」気取ってみせているようなもので噴飯物だ。粛々を「粛然と」あるいは「毅然と」と言い換えた方がわかりやすくないだろうか。このようなあいまいでぼかした言い方が、行動的であるべき政治家に許されてよいはずがない。イライラさせられるだけだ。「総合的に判断した」も同様だ。どれほどの項目をどのように判断し結論に至ったかについて明らかにされないのが常。結局、いいように肩透かしをくわされ、言葉にだまされているような気がしてならない。

◇遺憾な話2　常識と中庸について

20年も前に「常識を疑え」「常識のうそとまこと」みたいな刺激的なタイトルの本や雑誌記事が世にうけたものだが、今日はそれほど言われなくなった。

常識を疑ってみることは確かに固定観念を打破する力があるものの、行き過ぎるのもどうかと思う。会話していて、へたに常識論をもちだすと、ヒジョーシキと反駁されそうな雰囲気があった。

「常識」を国語辞典で引くと「普通の社会人として当然持っている、また持っているべきだとされる知識や判断力」。「常識」に似た漢字に「中庸」がある。これは現在は死語に近くなっているが、語義は「どちらにも偏らないでほどよいこと、中立ともいう」である。これをただちに「日和見」とか「足して2で割ったような」とか解釈されることが多いけれども、それこそ勝手な思い込みでしかない。

この語は、ギリシャ哲学で「超過（真実に対する虚像）」と「不足（真実に対する卑下)」に対する均整を表した言葉で、いずれか一方に偏向することを戒める概念である。一方に片寄って考えることを「悪徳(カキア)」と称し、極端な二項対立を否定する考え方であった。一方、中国でも紀元前5世紀の戦国時代に同様の思想が生まれ、「中庸」と漢字表記されるようになった。そこから派生した格言が「過ぎたるは及ばざるが如し」である。

中庸はいずれかに偏向しないまっとうな考え方をいうのであり、たとえば昔の玩具、やじろべえの中心に指をそえてバランスをとろうとするような思考法である。ほんとうを知るためのアプローチの一手法ということであり、右でも左でもない、ほどほどのところに踏み留まってものごとをみつめなおす思考態度をいう。ネット界での「炎上」現象と対極にある冷静で理知的な俯瞰法といえばわかりやすいだろうか。それを育むのは、ひごろの観察と思考の繰り返しに尽きるといって過言でないだろう。ちかごろ話題にのぼることが多いNHKの番組『チコちゃんに叱られる!』でナレーターを務める森田美由紀さんが抑制のきいた口調で言う「ボーっと生きている日本人のなんと多いことか」が笑いを誘う。お堅いイメージのあるＮＨＫで、こういう柔軟でユルそうな番組がうまれるのが面白い。ＮＨＫの民放化と評する人もいるが、楽しくてためになるのであれば、民放であろうとＮＨＫであろうとかまわない。

ところで公共放送と民放とで情報番組における女性アナウンサーの立ち位置の違いにしっくりこないものがある。民放は女性アナウンサーをタレント扱いして視聴率稼ぎにまい進している感がある。もっぱらアナウンスするのは男性アナかＭＣで女性アナはお飾りにしかみえない。公共放送は女子アナがしっかりと存在感を放っている。

ついでに言い足すならニュース報道でＮＨＫは骨格のみを知らせ、民放はそれに脂肪と肉を添えてうまみを増して提供してくれる。それを私はおいしくいただいている。

◇遺憾な話３　死刑の判断基準

殺人事件に関して、現今２人以上の殺人について死刑判断基準だとされるが、おかしいと思う。数の問題ではないだろう。1人のホモ・サピエンスを殺したら基本死刑。殺されたのが私であったり、あなただったりしたら殺した人を許せるだろうか。私の命を奪った代償としてあなたの命を捧げなさい、あなたが生き延びることは許せない――人の命を奪った者は自らの命を失うことでしか罪は償いようがなく、殺され損で済まされるかと。殺人犯が申し訳ないとかいったとしてもすでに死んだ人間に届くはずもない。問いたいのは殺人に及ぶ前になぜ踏み留まることができなかったのか、であり、恨み、憎しみがあったとしても殺人行為が許容されるはずはなく、私が裁判員に選ばれたならこの信念で向きあうことになるだろう。

それにしても衝動的な犯罪を別としても計画的な不法行為は人間が存在する以上断ち切れないものであるようだ。戦争もしかりだ。

◇遺憾な話4　日韓関係を冷静にたどる

韓国は政権担当者と議会議員たちが反日意識にこりかたまり、被害者意識の虜であり続けるのだろう。さらには暴走し始めたかのようだ。韓国のマスメディアも冷静な報道姿勢とはかけ離れ世論に迎合し、またあおる一方の報道姿勢であることに呆れる。事実を報じるという基本が実行されず、感情論に押し流されている。この国に対しては静観（黙殺）するほか手立てがない。日本のマスコミ人のなかに、日本が朝鮮半島を支配下においた過去を省みて、韓国民の感情を推し量る器量がないのかとの論もあるが、むしろ日本国民の方が冷静だ。確かにヘイトスピーチの毒がまかれることもあるが、それに抗議する日本人がいるのも事実だ。バランスがとれている。慰安婦、徴用工、韓国海軍艦艇による管制レーダー照射の一連の問題、さらについ最近ではソウル市が日本製品の不買運動まで始めようとしている。日本政府が善処を求めても韓国からは明確な返答が一切ないままだ。黙殺されている。これでは外交努力もなにもあったものではない。慰安婦問題に終止符を打つべく創設されたアジア女性基金の財団を一方的に解散させ、加えて謝罪や賠償を求めるとは、盗っ人猛々しいとはこのことだ。日本に難癖をつける一方、事態を収拾させる誠意がみられない、というより最初からその気がない。日本がなんとかしてくれるだろうという甘えと他力本願で処理能力を欠いている。まるで駄々っ子政権だ。話にならない。

韓国はことあるごとに歴史問題を持ち出し、日本に認識を改めるよう求めるので、この際、日韓関係を振り返ってみたい。

日韓の近現代の歴史を概観すれば、1895（明治28）年に日清戦争終結・清国からの朝鮮独立、1910（明治43）年の日韓併合、1945（昭和20）年太平洋戦争終結、そして現代までという流れになる。当時の国際情勢は欧米列強のアジア侵略に対抗して朝鮮への働きかけを強めようとした日本と、朝鮮を属国とみなす清国との間で勃発したのが日清戦争で、清の降伏と同時に清が朝鮮の独立を認めたのが1895年。その後、日露戦争を経て朝鮮半島の権益を獲得した日本が、朝鮮を保護国（条約に基づき外交、軍事などに関し他国から安全の保障をうける国。国際法上の半主権国）としたのが１９０５年。これにより李氏朝鮮は消滅した。さらに５年後の１９１０年には日韓併合を行い、この関係は太平洋戦争の敗戦まで続いた。

日韓併合後の１９０９年３月１日を始期として朝鮮で反日独立運動が起こった。当時の朝鮮統監・伊藤博文の暗殺事件もこの機運のなかで発生した。現在、韓国では３月１日を独立運動の記念日としている。日韓併合下での日本の統治がどのようなものであったか、朝鮮民に過酷だったか、それとも日本人同等に遇されたのか、わからない。ただ鹿児島県の知覧町が戦時中に特攻機の発進基地であったことから、記念館が建てられていて、そこを訪ねた折、日本人以外に台湾、朝鮮の人も特攻で死んだということを知り他国の人がなぜと思った。

イザベラ・バード著『朝鮮紀行』（講談社〈講談社学術文庫〉、１９９８年）に李氏朝鮮時代（１３９２−１９１０年）の政治状況が記述されている。この本は彼女が１８９４−１８９７年にかけて四度にわたり最末期の李氏朝鮮を訪問した際の旅行記。

「朝鮮人官僚界の態度は、日本の成功に関心を持つ少数の人々をのぞき、新しい体制ivにとってまったく不都合なもので、改革のひとつひとつが憤りの対象となった。官吏階級は改革で『搾取』や不正利得がもはやできなくなると見ており、ごまんといる役所の居候や取り巻きとともに、全員が私利私欲という最強の動機で結ばれ、改革には積極的にせよ消極的にせよ反対していた。政治腐敗はソウルが本拠地であるものの、どの地方でもスケールこそそれより小さいとはいえ、首都と同質の不正がはびこっており、勤勉実直な階層をしいたげて私腹を肥やす悪徳官吏が跋扈していた。このように堕落しきった朝鮮の官僚制度の浄化に日本は着手したのであるが、これは困難きわまりなかった。名誉と高潔の伝統は、あったとしてももう何世紀も前に忘れられている。公正な官吏の規範は存在しない。日本が改革に着手したとき、朝鮮には階層が二つしかなかった。盗む側と盗まれる側である。そして盗む側には官界をなす膨大な数の人間が含まれる。『搾取』と着服は上層部から下級官吏にいたるまで全体を通じての習わしであり、どの職位も売買の対象となっていた。」(イザベラ・バード『朝鮮紀行』）

一方で次のような論考もある。

「のちにクーデターで韓国大統領になる朴正煕は日本の士官学校を出たうえ満州国軍の中尉になっています。朝鮮半島出身者はみな日本軍の底辺にいた二等兵で、責任のある立場にいなかったとはいえません。（本文改行）事実、多くの朝鮮半島出身者が日本軍の戦争犯罪者として有罪になっているのです。日本が戦争加害国なら、その国民だった朝鮮半島出身者も加害者です。この事実は極東国際軍事裁判で明確に示されています。つまり、彼らも日本人として裁かれたのです。（本文改行）日本が敗戦国なら韓国人も敗戦国民です。靖国神社には日本本土の日本人と朝鮮半島出身者が祀られています。参拝にきた方は、どこの出身かは差別せずに、日本という国のために命を捧げた人に感謝し、手を合わせているのです。（本文改行）もし朝鮮人慰安婦が『被害者』で日本軍が『加害者』だとするなら、日本本土出身者の日本兵と同様、朝鮮半島出身者の日本兵、つまり現在の韓国人も『加害者』だということです。」と綴ったうえでこう続く。「この当然の論理的帰結を受け入れたくないので、１９１９

年から大韓民国臨時政府を作り、日本とは別の国だった、とくに1941年からは別の国、しかも連合国の一員として日本と戦争していたという虚構を作り上げた」(有馬哲夫『こうして歴史問題は捏造される』)。

ここで慰安婦について付言すると、『朝日新聞』の記者が慰安婦だったという老婦人の証言を記事として連載したことに端を発し、いまや日韓間の火種になっている。しかしこの記事は十分な裏付け取材をしていないことが判明し、後に『朝日新聞』は誤報だったとして謝罪している。傍証がないまま連載を書き続けた動機はなんだったのか、その真意が知りたい。ある本には彼の妻が韓国籍であることを理由にあげていたと記憶するが真偽はわからない。

iv 甲牛改革のことと思われる。急進的な近代化路線を実行した李氏朝鮮改革派の政策。「改革」も同じ。

総じて日韓間の歴史認識として共有しなければならないことは、第一に1800年代末期から１９００年代初頭にかけての時代が帝国主義、つまり国と国とが覇権を競い合い、植民地獲得を目指した政治・外交がまかり通っていたこと、第二に日本がアジアでいち早く欧米列強と肩を並べることになったことにより前記の行動をとったこと、第三には日本が中国大陸に利権を求めて軍事行動を起こし進出したこと、である。現在の習主席が主導する中国が強国化を推進し経済力や軍事力を増強し影響力を高めつつある姿と重なるではないか。

それはさておき韓国は日韓関係を論じた学者の研究成果が日本を肯定する内容だと、逮捕、拘禁される国柄である。一応は民主主義国家とされているが、まっとうな国家とはいいがたい。ある種のイデオロギーに汚染され大衆迎合の政権であってみれば、正確な歴史認識がむしろ韓国側で成立しがたく、歴史問題は韓国の内政問題と逆に指摘できる。そうして思うには中国と韓国における近代化の遅れは、新進気鋭の精神に乏しかったからといえる。島国の日本が島国であるがゆえに目覚めるのが早かった。韓国が中国の属国みたいな関係を長く続け、中国儒教の思想から脱却できなかったことへの反発と反省が、いびつな感情につきうごかされ日本憎しになっているといえるのでないか。

◆韓国旅客船「セウォル」号沈没事故

2014年4月に起きた韓国旅客船「セウォル」号の沈没事故で、多くの韓国の修学旅行中の高校生が犠牲になった。政府の事後対応の不手際も批判をよんだ。事故の現場を視察した国会議員がどういう神経なのか、現地でそろって記念写真に収まった意識の低さに、対岸の日本人はあきれた。韓国民はもっとあきれたろう。船舶の最高責任者である船長が、制服を脱ぎすて半裸の姿で乗客にまぎれて助かろうとした行為は、日本人の価値観からすれば卑怯きわまりない。戦時中の日本の軍艦の艦長は攻撃をうけて沈没する際には、艦と運命をともにして死んだ。その是非は別としても、韓国の民間といえども客船の船長が、沈没に際して乗員乗客の避難誘導をそっちのけで我が身の延命を優先している映像が流れたのでは言い逃れができない。

民族性、国民性の違いなのか、日本と韓国との価値基準の違いがはっきりする。日本は江戸時代の末期に黒船来航をきっかけに危機感から国論を二分する騒動になり、互いに闘争し暗殺を繰り返す事態になった。その殺伐とした時代を経て明治という近代の礎を築くに至ったが、その間国内内戦で失われた命はいかばかりであったであろうか。明治になったのちも朝鮮はねむったままだった。めざめた日本が大国のロシアに戦いを挑んでかろうじて勝利を得た。そのことでアジアの、極東の未開な（と思われていたが識字率は世界のトップだった）島国・日本が先進国である欧州諸国から認められ、第一次世界大戦では連合国の一員として参戦し戦勝国の当然の権限として敗戦したドイツの植民地を手にした。このような歴史の動きのなかで朝鮮はなにをしていたのか。いうまでもなく無為無策だった。これも韓国が認めたがらない歴史事実のひとつだ。総じて歴史認識をねじまげているのは韓国、ときどきの政権担当者の根拠のない反日教育のせいにほかならない。

ほんとうを知らされていない韓国民に同情を禁じ得ない。

◆反日の病理学

崔碩栄《チェソギョン》氏は韓国の反日感情を次のように分析する。

「(反日感情を抱く韓国人に) 私は言ってみる。一度、1945年8月15日以降の日本だけを見てみようと。そして、日本が韓国に与えた被害、そして日本の過ちは何かと。すると、たいていの場合、彼らは言葉を失う。せいぜい『日本は独島(注・日本の竹島)が自分の土地だと主張している』、『過去への反省がない』といった程度だ。

独島問題にしても過去への反省にしても、1945年以前の出来事に由来するものであるから除外するとして、実際に1945年以降の日本の行動の中で指摘してみろと再び聞いてみると、これ以上の言葉は出てこない。個人的なやり取りは別として、終戦後、日韓の直接交流や取引などで、韓国が日本からこれといった被害を受けたことなどほとんどないのだ(逆に1945年8月15日以降、韓国は日本からの経済支援、協力などを受けているが、これらについて韓国人のほとんどが知識を持っていないことも大きな問題かもしれない)。

私がこんなふうに言うのは、韓国社会において日本に対する態度と、北朝鮮に対する態度があまりにも違う、つまりダブルスタンダードに基づいているからだ。１９４５年の太平洋戦争終戦後、韓国が最も大きな被害を受けたのは、１９５０年に北朝鮮が起こした朝鮮戦争の時だ。韓国は朝鮮戦争で北朝鮮と中国軍により壊滅的な被害を受けた。兵士、民間人合わせて死者のみで52万人、行方不明者43万人を合わせると１００万人近くにも上る犠牲者が発生した（ちなみに北朝鮮側の犠牲者は死者70万人、行方不明者80万人で韓国よりはるかに多い）。これは太平洋戦争に動員され死亡した朝鮮人２万２０００人を大きく上回る。

朝鮮戦争以降にも、北朝鮮は１９８３年に東南アジア歴訪中の韓国大統領の暗殺を企てて起こしたビルマのラングーン（現ミャンマーのヤンゴン）爆破テロ事件（死者21人）、１９８７年に日本人に偽装した工作員が韓国の民間航空機ＫＡＬを爆破した大韓航空機爆破事件（同１１５人）、２０１０年に予告もなしに韓国側の民間人居住地域を砲撃して軍人２人、民間人２人が死亡した延坪島砲撃事件など、最近まで韓国にテロや軍事攻撃などを仕掛け続けている。しかし、このような事件を起こした北朝鮮に対し、怒っている韓国人は一部に過ぎない。ほとんどのメディア、あるいは教育現場では、１９４５年以前の日本の植民地統治政策に対する批判、非難を続けているのに対し、１９４５年以降、最近まで続いていた北朝鮮のテロや戦争犯罪については言及を避けているからである。少なくとも人命被害の面から見れば、北朝鮮による被害が『最近』発生し、その被害も『より大きなもの』だ。

これは、１９９０年代以降の傾向である。１９９０年代以前にも日本統治時代への批判的な教育と報道はなされていた。しかし、１９８７年の民主化まで、軍人出身の大統領の独裁的統治下では、反日教育よりは反共教育が徹底されていた。当時の韓国で行われた反北朝鮮政策は、現在の北朝鮮による反米、反日政策に負けないくらい強烈な敵意を持ってなされていた。学校では毎年『反共』をテーマにした作文大会、弁論大会などが開かれ、道徳や社会科で語られる北朝鮮人民はいつも空腹で、貧しく、朝鮮労働党独裁下で奴隷のような生活をしていた。北朝鮮社会は地獄そのものだった。

しかし、民主化以後『同じ民族』を強調する民族主義的な雰囲気が高まり、同じ民族である北朝鮮への敵意は徐々に薄れていく。スポーツ分野では合同チームを組んで国際大会に参加したり、南北が力を合わせて日本に対抗するといった漫画が流行したりした。しかし、ここには一つの副作用があった。『同じ民族』に向かっていた『敵意』は消えたのでなく、『他の民族』へとスライドしたのだ。つまり、米国や日本に対しての『敵意』へと変わった。特に日本への敵意は、以前よりも増強され、具体化された。韓国は『民主化』という雰囲気に煽り立てられ、反日感情を悪化させたのである。韓国が『より古く』『より少ない』被害を与えた日本に対し、『より新しく』『より大きい』被害を与えた北朝鮮よりも『大きな』怒りを表していることは、韓国が『被害者』としてのダブルスタンダードを持っていることを示している。また、韓国の反日が『自然』ではなく『人為的』だという証拠でもある」（崔碩栄『韓国「反日フェイク」の病理学』小学館新書）

◇遺憾な話5　捕鯨反対の国に対する反論

日本がクジラやイルカを捕食していることにアメリカ、オーストラリアなどが反対している。アメリカが幕末に黒船で来航し日本に通商を求めた動機は、アメリカ捕鯨船への薪炭や食料、避難港を確保するためだった。日本では当時すでに食料としてのクジラを余すところがないほど摂取していたが、アメリカはランプ用の鯨油をとるだけのことだった。鯨肉は食べなかった。この利用のしかた、つまり食料として無駄なく利用していた日本と単に油をとるためだけの利用しか念頭になかったという事実がまずひとつ。

ふたつめは、欧米人が古くから同じ哺乳類である牛を食べ続けてきたことに口を閉ざしてしまっていることだ。牛は人間が繁殖させ持続可能にして食料にしているというかもしれない。日本におけるクジラ利用にしても資源管理をしながら持続可能な適正捕獲に努めているわけで、この点では、欧米人と牛、日本人とクジラの関係に根本的な違いはない。あるとすれば牛は人間に飼育され、クジラは自然界に生息しているということだ。これだけのことでも外国のグリーンピースなどの環境保護団体の主張が感情論に過ぎないことは明白だ。

振り返れば小学校の給食に鯨肉が竜田揚げで頻繁に出されたし、夏休みには栄養補助用にクジラの油脂から作った「肝油」が配られた。それほどに鯨食は日本人になじみ深いものである。理屈に合わない感情論で日本の鯨食文化を否定されることがあってはならないはずで、だから日本は世界捕鯨委員会（ＩＷＣ）からの脱退を決意した。それにより２０１９年６月30日以降は、調査捕鯨でない商業捕鯨として海域を限定しつつ再開される。

◇遺憾な話６　１９７０年代の学生運動

私が社会人として現役だった時代の半ばころまでは労働組合の活動が盛んであった

から、選挙の時は労組推薦の候補者に無自覚で票を投じていた。学生時代から政治経済にほぼ無関心であったし、就職後もその流れのなかにいた。

東大の安田講堂立てこもり事件（昭和44年）を高校3年生の時にテレビで見て、何でそうなっているのかがまるで理解できないまま、学生連中を批判的に眺めていたし、大学受験のとき試験会場で学生らが社会批判のシュプレヒコールをあげていたが、試験に集中しなければならないまさにその直前の、この騒ぎを迷惑に思っただけだ。すでに学生運動は終焉を迎えつつあったし、地方からポッと出の私は完全にノンポリシー（ノンポリといわれた）だった。大学生となったら学内では学生自治会の面々がまだ活動していて、その**情熱の根源が中国の毛沢東思想だった**というのは、今日から振り返ると噴飯物だが、当時は信奉の対象になっていた。昭和47年に日中国交正常化が実現し、同年、友好のシンボルとしてパンダ（ランランとカンカン）が日本に贈られて、その愛くるしさの絶大的な効果もあって、急速に日中間の友好ムードが進んだことが背景にある。昭和53年には日中平和友好条約が結ばれた。高度経済成長（昭和

30〜48年）のただなかにある一方で、公害問題とか政界の汚職などが噴出し資本主義への懐疑が学生活動の原動力だった。そうこうしているうち浅間山荘事件（昭和47年冬）とその過程で総括と称した殺りくが発覚し世間を驚かせた。学生運動が活発な頃は5流13派があったそうだ。革マル、中核、青学などなど。それらが最終盤では内ゲバを起こし互いに傷つけあったり甚だしくは殺人を犯したりした。そのころ運動に参加した学生の日記に次のようにある。「レッテルをはって、そこから何が生れるのか。レッテルをはることにより一切を奪ってしまう。残るのは権力主義、醜いエゴむき出しの党派論争、暴力のための暴力……。」（高野悦子『二十歳の原点』新潮社）。一度レッテル（烙印）を貼って人をみてしまうと自縄自縛の自己暗示にかかり、常にその色眼鏡でしかみられなくなる。レッテル貼りのこわさがそこにある。学生時代に毛沢東に傾倒した同級生と会う機会があるが、酒に酔うと「わるかった」という。そんなことはふた昔も前の話だし、同級生の誰も迷惑など受けていないと言ってやるのだが、本人には当時のことがトラウマになっているようだ。この同級生の場合は自分自身に貼ったレッテルをはがし損ねているということになるだろうか。人間のアタマというのはなかなかに不自由で頑固なものにできあがっている。いまの野党の乱立をみるにつけてもささいな意見のくい違いで分裂を繰り返すのには、学生運動に似てまるで進歩がないとあきれて、ため息をつくほかない。

国会議員の品質管理

選挙のときには労働組合推薦の候補だけに票を投じ続けてきたが、小泉純一郎が自身の所属する自民党をぶっ壊すというサプライズな発言に刺激され、初めて自民党に投票した。北朝鮮から拉致された人たちを一部であるが帰国させることができたのは首相となった彼の功績だ。今日このような外交ができる首相、大臣がいるだろうか。大体大臣の下に副大臣が必要なのか、副大臣に舌禍が多すぎる。このようなことでは議員への不信感から、投票率の低下につながっているという危機意識がうまれないこと自体に議員の劣化と国会運営の愚劣さが際立つ（与野党問わず）。国民不在が顕著。

国会議員の数が衆参合わせて７０４人で、議員一人当たりの人口は18万人。この指標を用いて世界の国別でランク付けすると少ない方から数えて日本は１７５位だそうだ。175番目を少ないか、多いとみるかはそれぞれだが、要は数の話でないだろう。問題は中身であり、議員の能力や資質を考えたい。この先はわかりやすいように国会議員をモノ扱いにして話を進める。

日本は農水産業を始め製造業全般において世界有数の品質管理を徹底している。その結果規格外のものがはじかれ、場合によっては無駄になる。工業製品は熟練職人の手によるミリ単位、あるいはそれ以下の精巧さが強みであるし（その技術は中小企業が担っている）、農産物では品種改良、土壌・施肥技術の改善などを代々積み重ねた栽培技術の成果として今日あるのだが、農産物の場合、形や見栄えだけで出荷されないというのは、品質管理の行き過ぎといいたくなるが、はじかれた農産物を有効活用しようという機運が起き始めているのはうれしいことだ。

さて、そのような厳しい品質管理を国会議員にも適用させたい。丸山穂高参院議員を念頭に置いている。すでにアルコール依存症が疑われると指摘したが、議員を失職させる権限をもつ国会の懲罰委員会が開かれる気配もないのは、うやむやにしたい腹のうちが見透かされる。国会の自浄作用が働かないとすれば極めて遺憾であり、粛々と襟を正してほしい。議員報酬をあてに生活しようとしているような職業的議員に期待できることはなにもない。どんな社会づくりをめざすのか、どのような政治信条をもち、どう行動しているのかが、微塵も伝わってこない議員が多すぎる。国会議員ともなれば国益そして国民全体の福利厚生にまい進するのが務めなのに、偉そうにふんぞり返るなぞ品質劣化、はじきの対象品だ。

昔からそうだが国会議員は全体よりも地元への利益誘導、ごり押し、選挙時のみの露出、資金集めに汲々とするありさまは、もういい加減にしてくれだ。国会議員の品質管理上、出荷前に選別する責任が有権者にあるとするなら、むしろ選択肢を多くすることも一興だ。選別するからには一つということでは成り立たなく、複数がないと推薦入学になる。

参議院が衆議院のカーボンコピーと指摘されて久しい。衆議院一院制で国民が困るだろうか。困るのは現在の議員連中だろう。国民はまっとうな国会審議が行われ、まっとうな国政が運用されていればそれでよく、一院制であろうが二院制であろうが関係ない。人品最低の議員や舌禍で自滅する議員を排除するには、入学試験並みに受験倍率をあげるしかないだろう。

このようにいうと、議会運営で委員会の構成員が不足し審議ができなくなるという声もあるが、そんなことは複数の委員会をまとめてひとつにし、議員に精励させればよい。その気になれば、いかようにも対処できるのであって、問題は既得権を墨守し知恵を働かそうとしない岩盤体質にこそある。

グローバル化と環境破壊

グローバルとは「全地球的な」という意味で、国家レベルに限定された視野を地球規模の全方位に広げた視点視座から眺めなおすということだろう。かつて頻繁に使用されたインターナショナル（国際的なという意味）の語と比較対照すると、グローバルには世界を丸い地球のなかで立体的に捉えようとするニュアンスがあり、インターナショナルは同じ世界を平面的な地図上で把握する違いがありそうだが、これは個人の感想にすぎず、とどのつまりどちらでもかまわない。井の中の蛙が海原をしらないままでいるよりは、いろいろ知っている方が物事の判断の選択肢が広がるということだ。だからといってより優れた選択ができるかということとは別問題だが。

学校の修学旅行も見聞を広くするという趣旨で同一だ。グローバル化によって経済活動や人の移動は国境を越えた広がりをみせているが、地球そのものは成長しているわけでも拡張しているわけでもないから、皮肉っていえば、有限な地球の甘い蜜に群がるシロアリのようなのが人類という存在でないだろうか。

１９７３（昭和46）年の第一次オイルショックで世界が混乱したとき地球資源の有限が唱えられた。石炭、石油その他地球から産出される地下資源は簡単に再生産できないから、いずれ枯渇する、このまま無制限に漁りつくしてよいのかという危機意識が根底にあったはずが、のどもと過ぎれば……の伝で大量消費を見直す機運すらうかがえない。要するに無駄にしている。大体において資本主義そのものが無駄を前提としている。チェーン系列で展開している店舗で儲からなければ無造作に閉店解体し、新たに店を建設する愚を飽きもせず繰り返す。解体した廃材は埋め立てごみとなり、その再利用は現段階では見通しがない。新店の建設資材である砂や砂利は川や海浜から調達する。有限な地球からみたら、人間による無制限な搾取に腹を立てているかもしれない。お金は国の財政が許せばいくらでもじゃぶじゃぶに発行でき、じゃぶ金で投資はできるにしても、地球規模での資源の大いなる無駄遣いの先には巨大なブラックホールの闇が控えていそうだ。

グローバリズムは全世界をひとつの共同体とみる考え方で、企業の活動拠点の拡大流動化など経済の活性の面からは有効だろうが、自国第一主義に走る国々が多くなると、逆に経済という血流が阻害され動脈硬化を起こしかねない。米中の貿易摩擦が好例だ。経済活動が冷え込んでしまう。世界恐慌を惹起しかねない脆さを抱え込むことでもある。

経済以外に目を転ずると、いまや地球規模での海洋汚染や温暖化が深刻だ。海のプラスチックごみ。それを餌だと誤食し生命を失う生物がいることをどう考えているのか。捕食、被捕食の関係が複雑かつ網の目のように張り巡らされて生態系のバランスが保たれているのであって、他の生物が絶滅しようと人間には関係ないと考えているとすれば、大きな誤りだ。たとえば日本で増えすぎた鹿の食害が問題視されているが、一説にこれは鹿の天敵である狼が明治時代に絶滅した結果だという。

私の居住地は強風に見舞われることが多い地理環境にある。風が吹くとビニール袋が舞い上がる。これらがやがて海に浮かぶ。また大雨がふったあとの川とか排水路にプラスチックごみが浮かんでいたり、雨後の排水路に流れずに残ったプラごみが鎮座していたりする。それらの排出元はわれわれである。いまどきの日本人にはごみを如何に減らすかという危機感も責任感もないに等しい。ポイ捨て行為がやまないのには他力本願があるからだろう。誰かが始末してくれるだろうと。冗談ではない。あなたがしないで誰がするというのか、甘えるのもいい加減にしろといいたい。ごみの氾濫が原因で生態系が崩れ、その因果応報はそう遠くない将来に我々人類に対するしっぺ返しとなって現れることを覚悟した方がよい。

地球温暖化で異常気象となっているのも、私たちの出す熱が地球外に放出されないからだ。それを阻んでいるのが、二酸化炭素でありフロンなどの温室効果ガスといわれる気体だ。二酸化炭素はものを燃やしたときに排出される。排出を抑えるためにわれわれにできることは簡単明瞭だ。車の停止中にアイドリングをしないこと、燃えるゴミを極力ださないこと、分別を徹底すること。たったこれだけのことを一人ひとりが実行するなら、社会的なコストを大幅に減らせる。

そのために行政が推奨しているのが3R運動。リデュース（Reduce）＝発生抑制、リユース（Reuse）＝再使用、リサイクル（Recycle）＝再生利用の三つのRを総称したもので、発生抑制はレジ袋であれば繰り返し使用することでごみにしなくてすむし、さらに最近ではリフューズ（Refuse）＝拒否を加えることもある。これは発生抑制より一層強い意思の表明だ。

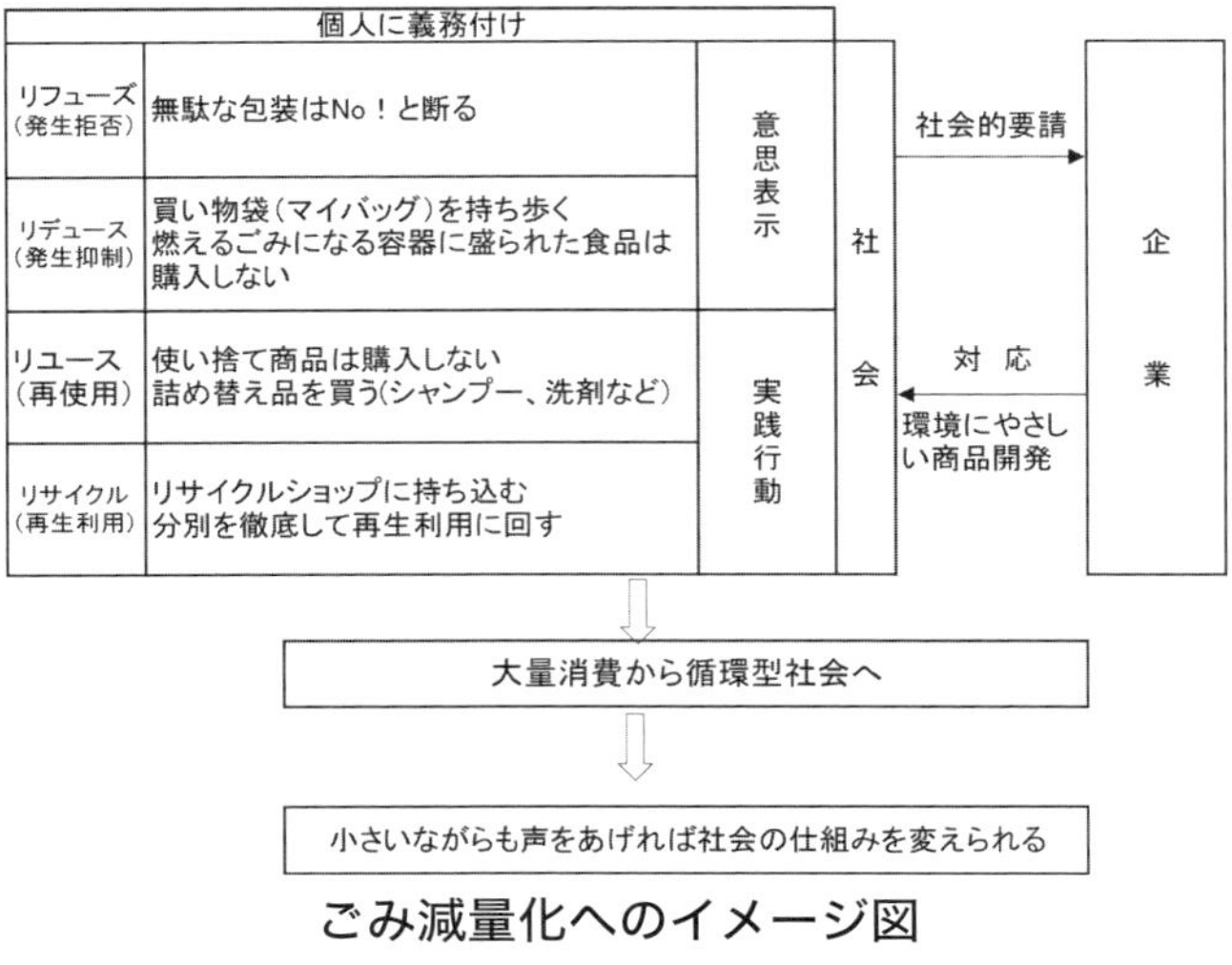

ごみ減量化へのイメージ図

不要だと初めから意思を表出することだ。「もったいない」感覚の希薄と危機意識の欠如が根底にある。

魚にとって水温が1℃高まるのは人間には気温が10℃ほど上昇するに匹敵すると聞いたことがある。このような高水温域を魚は避けるはずだからかつての漁場が漁場でなくなり、即不漁につながるし、また作物にしても気温が高くなれば生育適地でなくなるから不作になり、食糧確保に困難をきたすことになる。すでに海水温は1891年から2018年までのデータ分析で100年当たり0・54℃上昇（全地球平均し、陸上気温は1880年から2018年間で同0・92℃の上昇傾向にある（気象庁ホームページ）。イギリスの産業革命時点とくらべて約0・5℃上昇しているとのことだ。

私たちには次世代を担うべき子や孫がいる。子どもたちの未来と生存を確保し維持しなければならない世代としての責務がある。小売店で提供されるレジ袋を廃止するかどうかの議論が始まっているが、すでに当市域では2010（平成22）年に市主導で始めた「マイバッグ運動」（買い物袋持参）が定着し、域内のスーパーとかで提供するレジ袋は有料となり、コンビニなどだけが例外となっている。それが奏功し買い物袋を持参するのがあたりまえになっている。これは小売店の問題でなく消費者の心構え一つで解決できることだ。もっというなら一人ひとりがごみの分別を徹底すれば、ごみゼロ社会の実現が夢物語でないのに、面倒くさがって手抜きするといずれ地球はゴミであふれ返るだろう。

四国徳島県に人口一五〇〇余人の町がある。平成15年に全国で初の「ごみゼロ宣言」を行った。ごみを34品目（すごいことだ）に分別し、いまや食器類や衣類のほとんどが町内でリサイクルされ、燃やすごみもほぼゼロに近くなっている。ごみ処理の一切をＮＰＯ法人が引き受け、町内に1カ所しかない集積場には住民みずからが搬入する。後世につけを残さないという目的意識が明快だ。人口の少ない町だからできることだとはいうなかれ。都会といえどもこの町の人口等の規模の倍数に過ぎないと見方を変えれば、この小単位ごとに区分けし、単位ごとの住民の努力次第で同じ効果が得られないわけでないだろう。複雑にみえる現象もいちど解体して単純化して分析し、その結果を集積すればみえてくるものがあるだろうし、それが問題解決のヒントになるはずだ。

昭和時代を振り返れば買い物に行くとき、買い物かごを持参するのが当たり前だったし、かさばるものを買う時は風呂敷が重宝した。豆腐を買う時は鍋を持参し水ごと入れて持ち帰り、包み紙は古新聞紙だった。要するに無駄な包装とは無縁の日常の暮らしだった。風呂敷は布製だから持ち歩くときはいかようにも小さく折りたため、かさばるものを持ち運ぶときは背負って歩いた。格好悪いといえばそうだが、それが普通で日々の暮らしの風景だった。また八百屋、魚屋、パン屋などの生活に欠かせない個人経営の店舗が歩いて行ける近距離にあったたし、少し遠くには自転車でいった。その自転車は高級品であっていまの自動車税のような税金が課せられていたと記憶している。

昭和を懐かしんでいっているわけでない。今を生きる現役世代の多くが、大量消費時代に育ち、ごみをまき散らす行為に抵抗感がないとしたら、それは必ずしっぺ返しを受ける。昭和時代の庶民の暮らしぶりを知ることは、なにかしらを教えてくれるだろう。ひいてはこれも歴史に学ぶということだろう。たかだか30年ほど前の昭和にできていたことが令和にできないことはない。

あとがき

「平成」から「令和」に年号が改まった。平成の時代を私なりに総括すれば、「人命が軽んじられた時代」であり「格差拡大」の始まりの時代であった。人命軽視は、過労死、虐待死、児童生徒の自殺、社員をモノ扱いにして省みることのないブラック企業の存在にみられるし、そして経済格差と貧困の連鎖。企業経営者が年収1億円になる一方、非正規雇用にあえぎ貯えもままならず老後に不安を抱え続ける人たちが増加した。そして社会から受けるいわれのない差別と不寛容。

一方、書き終えて気づいたのは、なにかと中学時代のことが出てくることだ。本を読むようになった時期、日記をつけ始めた時期、大地震に驚いた時期、いずれも中学生のときのこと。私にとって、この頃の経験と出来事がターニングポイントになったのかもしれないと感じている。この時期は思春期まっただなか。感受性も強いし自我や性にめざめるときでもある。親と距離をとり始めるのもこの頃。この思春期を学校のいじめなどで不登校になったり、ひきこもりになったとしたら、健全な心身の成長が阻害されてしまう可能性は十分すぎるほどにある。ターニングポイントを迎えるその時は人さまざまで相前後するにしても、この大事な時期に自由闊達に振る舞えなくなるという事態は深刻だ。まして絶望し死を願うとは。

人生百年といわれ超高齢者が増え続けている。高齢になると、体の動きも頭脳の働きもすべてがトロくなり、おまけに体のあちこちがポンコツになり医療費を押し上げることになる。老残無残。私はそこまでの長命を望まないし、長生きが必ずしも幸せだと思えない。友人知人や近しい人たちが先に亡くなってしまっていたら、どこに楽しみとかを見いだせるだろう。それこそ孤立した状態となってしまう。まして独居であればなおさらだ。

孤独を楽しめるのは心身ともに健やかであればこそであり、そうでなくなると自立して主体的に生きること自体ができなくなる。終日、呆けたようにテレビの前から離れられないというのでは、それこそ無駄に生きていることになる。

この拙作は、とりとめのない日記の延長みたいな雑文の集まりだ。『男ひとりを生きる』のタイトルは、上野千鶴子氏の著作『おひとりさまの老後』から思いついた。そこではおひとりさまを主に女性を対象にしているらしく思われたから、じゃあ男だったらどうなのだろうと思ったことから日々の感慨を綴り始めた。

自分を振り返りつつ歴史や今を眺めると気づかされることが多かった。また身内のことについての記述は、率直に感じたままを書いたので他の家庭や世間一般との認識と相違していることは承知のうえでのことで、これを一般化する意図はないことを言い添えて、しめくくりとさせていただく。

生田《いくた》　隼《じゅん》

生田　隼（いくた　じゅん）

1952年山形県生まれ。農林水産省水産大学校（当時）卒業。現在年金生活。

男ひとりを生きる

2019年12月３日　初版第１刷発行

著　者　生田　隼

発行者　中田典昭

発行所　東京図書出版

発売元　株式会社 リフレ出版

〒113-0021　東京都文京区本駒込 3-10-4

電話 (03)3823-9171　FAX 0120-41-8080

印　刷　株式会社 ブレイン

ISBN978-4-86641-286-3 C0095

Printed in Japan 2019

ご意見、ご感想をお寄せ下さい。

［宛先］〒113-0021　東京都文京区本駒込 3-10-4

東京図書出版